文史趣錄 上

葉獻高 ◆ 編著

自序
PREFACE

貧因書而富富因書而貴

黃金有價書無價散盡黃金為收書

人遺子金滿籝

我教子唯一經

積金千兩不如明解經書

　以上這些經典名句，字字珠璣，擲地有聲。這是我們的祖先經過社會實踐的寶貴經驗，是留給萬世子孫共用的精神財富。

　人們常說，猶太人智商較高，比較聰明。究其原因，當然因素很多。曾有好事者統計，世界眾多人種中，平均讀書最多的非猶太人莫屬。猶太人每年人均讀 60 本書，美國人年均讀 40 本書，俄羅斯人年均讀 28 本書，德、英、法等國人年均讀 20 本書。中國人年均唯讀四五本書，有些人可能連這個數字都達不到。這樣的資料確實令國人有點汗顏。但筆者認為，這個統計資料也不能一概而論。

　筆者曾經寫過幾本書，大多數是客觀地評說歷史人物和歷史事件，介紹中華傳統文化和世界一些其它國家的文化，以及記述各國的名勝古蹟、秀麗山川及民情風俗，故適合各行各業的讀者徵訂和閱

讀。這些書在全國各地特別是在筆者的故鄉海南得到大家的熱烈歡迎，許多單位和學校的領導均出資購閱以大力支持「讀書工程」，詳細名錄請見本書第十六章的附錄——「讀書工程，無邊風月」。在此，筆者對這些重視文化知識，並借助讀書來不斷提高人身素養的同志表示敬意！因為讀書一事看似簡單，意義卻實為深遠。

北宋文學家、書畫家蘇東坡，因以作詩「謗訕朝廷」貶謫至黃州，後又貶謫至惠州以及筆者的故鄉——海南儋州。他在儋州中和謫居三年，開館授徒，生徒「載酒問字」者眾，亦培養出符確等進士。自此，儋州人讀書成風，題詩成風，文人雅士輩出。歷經一千多年，儋州人好學之風始終不衰，東坡遺風歷久彌新。凡外方人士到儋州工作的，受到這樣濃厚讀書之風影響者甚眾，故人們歷來都擊節讚賞「儋州人陋才不陋」。儋州人對蘇公心懷感念，為了永久紀念這位文壇巨擘，鄉村父老在儋州市中和鎮蘇公曾居住過的舊址建起了東坡書院，當地人稱「東坡廟」，每年不遠萬里慕名而來瞻仰的外方遊客絡繹不絕。

繼前人之精神，承東坡之遺風，筆者歷來喜歡讀書，上至天文，下至地理，總覺人生百態，殊為有趣。每至精彩處，不敢私藏，擷其精華以輯錄成冊，以饗廣大讀者。

世界上沒有一本萬全的字典，但「麻雀雖小，五臟俱全」，本書橫亙時空，涵括中外，包羅萬象。對於能夠啟迪思想、塑造人物個性之作品，不管它是中國的還是外國的，古代的抑或現代的，科學的或是人文的，舉凡一切具有教育意義且能提升人的修養的，本書皆酌情收錄，並將性質相近的內容分門別類，便於閱讀；本書亦介紹一些鮮為人知卻幽然雋永或稀奇古怪的故事，這些故事神奇但不離奇，例如

有許多故事就因上古時代沒有文字記載只能口頌相傳所以被稱為「傳說」；本書中還有一些詠懷之作，亦可以陶性靈、發幽思。

本書對歷來眾說紛紜、莫衷一是之歷史事件及人物，亦採取慎之又慎的評說態度，詳盡參考經史子集與典章制度，甄採各家之說；疏通發的，考其異同，辨其因革，又望能讓後人考證相資。

諸家姓氏，往往通行已久，而溯厥源流，非其本字者，如丘之為邱，則以避孔子諱而為丘加部。洗之為冼，況之為況，揚之為楊，則皆傳寫之誤，今皆改從本字。

本書為難讀、難解、易誤之生僻字附上注音，以讓讀者一目了然。有的地方對於人名、地名、物名也略加小史，以省檢閱之功。

對於有關西方文化之著作，余亦篤志不倦以攻讀，焚膏繼晷，寒暑不輟，孜孜以求，務求理解之趣。此所謂「涉淺水見蝦，深水見魚，而尤甚者觀蛟龍」。

本書融知識性、科學性、趣味性於一體，注重閱讀、參考及收藏價值，希望讀者閱讀本書後，在獲獵廣博知識的同時，更能夠在彷徨失措之時找到精神的依歸，在迷惘困惑之時找到人生的真理，在孤立無援之時找到奮鬥的力量！

讀書並不僅僅是為了獲取知識，更是為了提升自己的素養。君子之風，為中華傳統文化中的理想美德。它以仁、智、勇為主要特徵，即仁者不憂、智者不惑、勇者不懼。為了培養這種真、善、美全面發展的理想人格，它不僅需要挖掘人的知識潛能，薰陶人的審美情趣，更需要開發人的德性力量。只有這樣，我們才能在精神世界與現實生活中實現人格的尊嚴與獨立，最終達到「富貴不能淫，貧賤不能移，威武不能屈」的境界。

本書從前人研究中汲取營養，亦稍加參考近人有關著作。本書中個別資料與篇章，選自報刊或網路，為與全書吻合，其中有些內容有所刪節或補充，有的標題有所改動，凡此種種，因篇幅所限，未能一一說明，敬請見諒並表示感謝。

羅馬絕非一日建成，萬里長城更非一夜之間建成。筆者夙興夜寐，一條一目，字斟句酌，孜孜不倦地「伏案耕耘」，歷三載有餘，三易其稿而成此書。然而，個人的學識和精力終究有限，心思所未及，耳目所未周，本書訛誤不當之處在所難免，敬祈海內外碩學通才、飽學之士博雅，有以教之，幸矣！

有朝一日，倘真能見到一些讀者「舉欣欣然有喜色而相告」此書，筆者將倍感欣慰。

期望本書能陪伴讀者度過美好的時光。

謹書此以志，永矢弗諼。

是為序。

葉獻高

澳大利亞悉尼 HORNSBY 春雨樓 玉宇齋

2013 年 9 月

目 錄
CONTENTS

第六編 · 科技

第一編

文化・史地

神話傳說

盤古之君　龍頭蛇身

　　蛇的古體字是「它」，《說文》中此篆字的寫法不是寶蓋頭，而是條大蛇的頭，下部的「匕」這一彎鉤便是蛇身和蛇尾，後世書法家稱之為「龍尾鉤」，這是描摹實物的象形字。《說文解字》注：「它，蟲也，蟲而長，象冤曲垂尾形。上古草居患它，故相問：『無它乎？』」蛇是後起字，《說文》有「蛇」字，但無注釋，注見「它」字。

　　世界上大約有 2500 種蛇，中國約有 208 種。中東地區的線蛇是最小的種類，亞洲的網狀花紋巨蛇和南美的巨水蚺是最大的種類，熱帶地區的種類最多。但世界上許多島嶼無蛇。蛇一般都是吞食整個獵物，其牙齒都不適宜咀嚼。許多蛇將獵物吞下去靠消化液殺死。有的蛇獨立演化出縊縮身體的方法以制服獵物。有的蛇的唾液腺變成了毒腺，毒液從中空的或成凹槽的毒牙排出。蛇大多無護卵或育幼習性，幼蛇孵出或生出後即能捕食。蛇的外形獨特，少數有毒腺的蛇類能使人中毒或死亡，又有很多蛇的性剛烈，有進攻性，故人們談蛇色變。早在混沌蒙昧的遠古時代，蛇拖著尾巴而行，隨時發起襲擊，為人類

之禍患。「無它乎」即「無蛇乎」，是「你好嗎？」「平安嗎？」的意思。

人們只知中華民族是龍的傳人，但也許是蛇的傳人。很多人對此有所不知，或以為此說多有所不雅。

在神話故事中，盤古是開天地的始祖，是大神。傳說盤古從混沌中出生，執斧鑿開天闢地。《太平御覽・三五歷記》：「天地混沌如雞子，盤古生其中。萬八千歲，天地開闢，陽清為天，陰濁為地，盤古在其中。一日九變，神於天，聖於地。天日高一丈，地日厚一丈，盤古日長一丈。」南朝梁任昉所著《述異記》又說，所有日月、星辰、風雲、山川、田地、草木、金石、雷霆、道路，都是盤古死後他身體的各部分變成的（如毛髮、器官等）。又說，他臨死時肢體變為大地四極和五方名山，身上的寄生蟲卻變成黎民百姓。後來更傳說盤古夫妻是人類配婚的開始。一般認為，盤古神話是根據中國西南少數民族中流傳的伏羲、盤瓠神話加以道家方士的推想而成的。

據三國吳人徐整《五運歷年紀》記載：「盤古之君，龍頭蛇身。」這說明了盤古原來是一條蛇神。

傳說從前天地是模糊一團的世界，宇宙就像一個黑乎乎的雞蛋，盤古在這個大黑蛋中孕育睡著歷經一萬八千年。一天，他忽然醒了，睜開眼一看，哎呀！漆黑一團，什麼都看不見，他一怒之下，不知從哪裏抓過一柄大板斧，朝著眼前的黑暗用力一劈，只聽得轟隆聲震動如雷霆，「大雞蛋」突然破裂，其中一片輕輕的煙霧漸漸飄浮上升，變成了天，重而濁的塵埃下降為地。

天地分開之後，盤古擔心又會合攏，於是以頭頂天，以腳踏地，頂在天地中間。隨著天地的變化而變化，天每天升高一丈，地每天加厚一丈，盤古的身軀每天也增高一丈。這樣又過了一萬八千年，天升得極高，地變得極厚，盤古的身軀也長得極長。他孤獨地支撐著，日久年深，天地的結構已經固定了，這位巨人也必須歇息一下。一天，他終於疲勞過度倒在地上死了。

盤古臨死前，他呼出的氣變成了風和雲，他的左眼變成了太陽，右眼變成了月亮，聲音變成了轟隆的雷鳴，肌膚變成了田土，血液變成了江河，筋骨變成了道路，毛髮變成了森林草木，雙手與雙足變成了大地的四柱（四極）和五方名山。他用自己的膽略、智慧和力氣開天闢地，用自己的軀體化生成世界萬物。

盤古是開天闢地首出創世的大神，後人便以他為天地萬物之始祖，追祀他的魂。

古人認為，人能離開身體而存在的精神為魂。附形之靈為魄，附氣之神為魂。故有傳說盤古喜則天晴，怒則天陰，哭泣則眼淚流成江河，噓則為風雨，吹為雷電，實為神靈，為天地之神祇，為人文始祖。

盤古既是一條蛇神，又創造了人，所以又有中華民族是蛇的傳人的說法。

伏羲始祖　蛇身人面

　　古帝中大皞為世系，《山海經・海內經》云：「西南有巴國，太皞生咸鳥，咸鳥生乘釐，乘釐生後照，後照是始為巴人。」

　　太皞又稱作伏羲、太昊、庖犧、炮犧、伏希、宓犧等。

　　巴嶄是伏羲的後代，居住在中國西南地區，屬於蛇圖騰部族。《說文》云：「巴蟲也，或曰食象蛇。」即能吞下大象的大蟒蛇，名為「巴蛇」。《說文》解釋作「蟲」，其實就是長蟲，是蛇的形象。伏羲、女媧的婚配與創世神話完整無缺地在苗族、瑤族等西南少數民族的文化中保存下來並廣泛地流傳著，歷代不衰。

　　伏羲和女媧是一場大洪水浩劫餘生的兄妹，後來結為夫妻，成了人類共同的祖先。當時水神共工與火神祝融逐鹿天下，共工有「頭觸不周山」的故事。《淮南子・天文》：「昔者共工與顓頊爭為帝，怒觸不周之山，天柱折，地微絕。天傾西北，故日月星辰移焉；地不滿東南，故水潦塵埃歸焉。」這兩個人面獸身的大神，一時互相殘殺得天昏地暗。天下的猛禽走獸紛紛出來行兇作惡，有道「城門失火，殃及池魚」，人民只有像成群的螞蟻般死去。最後共工孤注一擲，一頭撞倒了不周之山，即撞斷了一根頂天的大柱。頓時天空傾坍、大地破裂，洪水與烈火重新氾濫滔天。女媧挺身而出，擔負起煉五色石補天的重任。然後她又宰殺了一隻巨大的烏龜，用它的四隻腳代替了撐天

大柱，把天空支撐平整。接著又消滅掉危害中原甚久的黑龍，驅趕了各種各樣的毒蛇猛獸，又堆積起蘆草灰，止住了滔天的洪水。這時天地才恢復了正常的位置，四季的更替有序，人民也獲得一條生路。但天空卻略為向西北傾斜，大地也變成西高東低，這就使日月西行，百川朝東。

南宋吉州廬陵人羅泌，學博才宏，侈遊墳典，著《路史》引注《寶櫝記》云：「帝女游於華胥之淵，感蟲也而孕，十三年而生伏羲。」可見伏羲的出生是典型的感生神話。華胥本是寓言中的世外桃源，這個樂園中的聖女，到雷澤出遊，就按照當時的求子儀式，用腳去接觸神的屍體及舞蹈的腳印。一觸之後身子就受了感應，後來果然懷孕生子，就是伏羲。那腳印是雷神所留下的。《海內東經》：「雷澤中有雷神，龍身人頭。」伏羲氏與雷神有淵源，也是人首龍身，或人首蛇身的形象。凡人僅十月懷胎，一朝分娩。此說華胥懷胎十三年才生伏羲。

雷神即司雷之神，也就是雷公。《楚辭‧遠遊》：「左雨師使徑侍兮，右雷公以為衛。」

由上可見，伏羲就是雷神的後代，因為他的母親是在「雷澤」（又名雷夏，在今山東定陶縣地）踩上一個腳印後孕育了他。其母名亦為華胥，來自華氏國。伏羲也像雷澤的主神雷神，是人蛇合體。後來被人尊為木神或春天之神。

伏羲的業績比女媧稍遜一籌，在他出生的年代，天下早已太平，人口繁衍，他不必再造人，不必煉石補天，他的業績主要是在文化的

貢獻上。他是中華民族文明的創始者。他教導百姓結繩為網，撈魚捕鳥，馴服野獸。又推廣熟食，把取火方法教給百姓，使人們脫離蒙昧，邁向文明。由於他善於觀照天地的形象製作出了八卦或六十四卦。卦相由陰、陽兩種線條組成，陰陽是八卦的根本。卦名代表一定屬性的事物。八卦中，乾與坤、震與巽、坎與離、艮與兌是相對立的。八卦又以兩卦相疊演為六十四卦，以象徵自然現象與社會現象的發展變化。八卦最初是上古人們記事的符號，後用作占卜的符號。可表達思想，分別代表天、地、水、火、雷、風、山、澤這兩兩成對的八種事物。

由於火與八卦的發明與使用，伏羲成為中華文化的創始者之一，被尊為東方之帝。

伏羲制訂了一系列制度。女媧教會人類進行婚配，伏羲則進一步教會人類遵循嫁娶的禮節，從同種血緣婚姻走向別族婚姻。

伏羲還發明了三十五弦的琴瑟。在漢代的石畫中，他手持一柄曲尺，象徵著他發明百般工藝。

由於伏羲對人類的文明有過重大的貢獻，後人尊稱他為「三皇之首」。

人類經過石破天驚的考古新發現，伏羲、女媧蛇身人面的傳說已經有力地得到了證明。

中國商代後期王都在今河南安陽市小屯村，商代從盤庚至帝辛（約公元前 1300 年-前 1065 年）均在此建都。1928 年開始發掘，在

殷墟侯家莊 1001 號大墓中，出土過一件特殊的文物——一頭兩身蛇形木器，頭部已殘缺，但不影響器物全貌。又留一描繪著明晰的大眼睛，蛇身相交，雙尾勾曲，與之後的伏羲女媧交尾圖相似，斷定此必商代伏羲女媧交尾圖。

長沙馬王堆漢墓是西漢前期的墓葬，1972 至 1974 年先後兩次發掘了三座墓。已出土的女媧畫像，便是蛇身。

在成都發現的一塊東漢畫像磚上，伏羲女媧交尾圖更具獨特的創意，兩人兩臂間尚有一個小兒，將伏羲、女媧「創造了人」這一人類社會的各種文化現象的意境表現得淋漓盡致，具有虛實相生、意與境諧、境生象外、韻外之致的審美特徵，使人產生豐富的想像和聯想，讓人深受感染。

《藝文類聚》卷十一：「太昊帝庖羲氏，風姓也，蛇身人首。」「帝女媧氏，亦風姓也，作笙簧，亦蛇身人首。」「或云二皇，人首蛇形，神化七十，何德之靈。」

十六國時的王嘉，隴西安陽人。貌醜，語滑稽，喜談神仙怪異。清虛服氣，不與世人交，與高僧道安過從甚密。隱居終南山，弟子數百人。傳說言未來之事，皆靈驗。在《拾遺記》中有言：「神母遊其上，有青蛇繞神母，久而方滅，既覺而有娠，歷十二年而生庖羲。」此處言及庖羲之父乃是青蛇，懷孕時間為十二年，與上文羅泌所記僅少一年。

唐李撰《獨異志》，內容雜錄古事，以鬼神怪誕之事居多。「昔

宇宙初開之時，只有女媧兄妹二人在崑崙山，而天下未有人民。議以為夫妻，又自羞恥，兄即與其妹上崑崙山，咒曰：『天若遣我兄妹二人為夫妻，而煙悉合。若不，使煙散。』於是煙即合，其妹前來就兄，乃結草為扇，像其事也。」

山東嘉祥縣的東漢武梁祠石室畫像，包括武氏家族墓葬的雙闕和四個石祠堂的裝飾畫。其中以武梁的祠堂為最早，從漢桓帝建和元年（公元 147 年）開始，數十年間陸續營造，故亦稱「武氏祠畫像」。用減底平鈒法，刻畫歷史人物故事、神仙怪異和墓主人生前的生活，畫像旁有隸書題記，藝術風格渾樸雄健。其中一些畫像都有龍形兩交的圖形。

新疆吐魯番市東南高昌故址出土的唐高昌國絹畫中，也有龍形相交的圖形。

北周匹婁觀石棺上線刻石畫像有不交尾的圖形。甲骨文卜辭上有「　」字也是兩條蛇的形象，作為燎祭的崇拜之神。

凡是兩蛇或兩龍相交或相對的圖形，都是象徵伏羲、女媧二皇。他們不但是苗族的始祖，也是漢族器物上雙龍或雙蛇相交形所象徵的始祖，象徵古中國「兩部制」的圖騰文化。

中國各地都設有伏羲廟祭祀，最享盛名的是伏羲的故鄉河南淮陽的伏羲廟，或稱「人祖廟」。這裏的人們認為伏羲是「人根之祖」、「斯文鼻祖」，故當地群眾尊稱其為「人祖爺」，稱女媧為「人祖奶奶」。人祖廟後面是伏羲陵。

每年農曆二月二至三月三，當地人民都會舉行隆重無比的人祖廟會，人山人海、萬人空巷地祭人祖、占卜問卦、跳巫舞和舉行巫術活動。巫舞是敬獻給女媧老母娘娘的，又名「擔花籃」。

　　此外，山東鄒縣西南嶧山的人祖廟，甘肅天水市西關明弘治三年建的伏羲廟，山東魚臺縣東北的伏羲陵也頗具盛名。

　　伏羲是蛇，伏羲創造了人，所以說中華民族是蛇的傳人也不算錯。

女媧始祖　人首蛇身

女媧人身蛇尾，摶土作人，故人是蛇的傳人。

戰國列禦寇撰《列子‧黃帝篇》言及女媧「蛇身人面」；《太平御覽‧風俗通》：「俗說天地開闢，未有人民。女媧摶黃土作人，劇務，力不暇供，乃引繩於泥中，舉以為人。故富貴者，黃土人也，貧賤凡庸者，絙人也。」按世界各民族都有關於天地開闢、人類出現的神話傳說，其以人有貴賤之別，已摻雜了階級社會後的思想意識。

女媧神通廣大，變化多端，法力無邊。能化生萬物，日變七十次，其腸子曾變化出十個西方之神，其最主要的創世業跡是造人與補天。儘管摶出了一批又一批人，累得異常疲憊，仍未肯甘休。但她感到造人的速度太慢，於是抽出一條繩（藤）條，將它浸透泥漿，再舉手揮舞，這樣灑在地上的泥漿就星羅棋佈，轉變成了人。但最初的人類無男女之別。沒有男女就不成婚姻，無婚姻就無家庭。於是她又著手讓人們懂得男女相配的道理，性交成為本能，這樣她又建立了婚姻制度，讓善男信女能傳宗接代，因此芸芸眾生都將女媧奉為高禖之神。

高禖是媒神。後世祀之以求嗣。帝王妃以求子。

《詩經‧鴻雁之什‧斯干》：「大人占（卜）之：維熊維羆，男子之祥！維虺維蛇，女子之祥！」即大人占卜：如果是熊羆，則是生男

子的吉兆！如果是虺蛇，則是生女子的吉兆！認為夢見蛇就是生女子的吉兆。這皆因女媧是蛇。

《山海經》裏沒有直接記載伏羲、女媧二神的隱私關係，但他們是蛇形，化身也是蛇形都是一致的。

「有神十人，名曰女媧之腸，化為神，處粟廣之野，橫道而處。」（《大荒西經》）

腸的形狀似蛇形。「橫道而處」具體地寫出了長長的蛇形。

郭璞注：「女媧，古神女而帝者，人面蛇身，一日中七十變。」

西晉皇甫謐博綜典籍百家之言，以著述為務，武帝賜書一車。著有《帝王世紀》、《高士傳》、《烈女傳》、《針灸甲乙經》。在《帝王世紀》中記載：「（女媧）蛇身人首。」

三國陳思王曹植《女媧畫贊》云：「女媧人首蛇形。」遠古時，人們對蛇頂禮膜拜，把蛇擬人化。

女媧是創世之女神，歷來為人所仰慕，早在唐末，人們就建廟祠祭祀，均尊稱為伏羲女媧廟。最享盛名的有河水涉縣索堡村鳳凰山上的媧媓宮，俗名「奶奶頂」。主體建築高達 23 公尺，嵌在絕壁之上，危乎高哉！使人聽此凋朱顏。山西洪洞縣趙城鎮東有媧皇廟，亦享有盛名。

女媧是蛇，女媧創造人，故說人是蛇的傳人亦對。

神農始祖　人身牛首

　　少典是伏羲、女媧之子，春秋時左丘明著的國別史《國語·晉經》最詳，說炎帝、黃帝的父親是少典，母親是有氏。原文說：「昔少典娶於有氏，生黃帝、炎帝。」有氏本來就是一條蛇。生母既然是蛇，兒子必然是蛇的後代，當然也是蛇的傳人。再說少典是伏羲、女媧之子，而伏羲、女媧本來就是一對蛇兄蛇妹相互婚配，兒子少典必然是蛇種，這是他們的血脈。

　　《史記》開宗明義第一卷《五帝本紀》：「黃帝者，少典之子，姓公孫，名曰軒轅。」《山海經》也說，黃帝是「人面蛇身」。明陶宗儀編的《說郛》言及黃帝是「龍身而人頭」。這裏的「龍身」實際上指的是「蛇身」。《山海經》也寫有炎帝感生的神話，說有氏的少女安登，為少典的妃子，往華陽山求子時，遇見龍首的神，感生了炎帝，是「人身牛首」的形象。

　　炎帝又稱神農，最突出的貢獻是在農業方面，他「斫木為耜，揉木為耒，耒耨之利以教天下」。農耕依靠農具，農具的創制、改良對提高農業產量具有決定性的作用，炎帝就是順應農業增產的需要製作農具，播種五穀，開鑿井渠，燒製陶器。由於糧食增多，人們就自然地結束居無定所、隨畜群逐水草轉移的游牧生活。所以牛首的神農，象徵中華民族懂得開始馴服野牛成耕牛。人們也開始建立固定的家園，生活安定之後，他又教導人們「日中為市，致天下之民，聚天下

之貨，交易而退，各得其所」。故人們尊他為太陽神、田祖、農神。

傳說炎帝上山採藥來到了神農架，目睹藥草繁多，便決定在此久居，於是便在山上修建宮殿。他請兩個石匠雕刻石獅子欲安置大門。石匠賣力地雕刻七七四十九天，手皮磨破了，血液將石獅子染紅。石獅子雕成之後，兩名石匠也疲勞過度而死了。

炎帝料理兩位石匠的善事之後，便命人將石獅子安置在大門兩旁，當眾人將獅子抬起時，奇跡出現了，石獅突然周身發亮，人們推斷，此必石匠的血液流入石獅子的血管裏所致。神農靈機一動，開竅了。他一邊派人上山採藥，一邊將所採的藥熬煮成湯灌給石獅子喝。因石獅子全身透明如水晶肚，湯便在腸裏分流至 108 根筋管裏，歷歷在目，炎帝便將情況記下來。神農自此再也不用親口嘗藥了。

神農架在今湖北巴東、興山、房縣交界處，佔地面積 90000 公頃，區內以亞熱帶植被為主，混雜有溫帶和熱帶成分，具明顯的垂直地帶性。蕨類和種子植物至今仍有 2062 種，其中，國家重點保護的野生植物有珙桐、香果樹、銀杏、紅豆杉等 32 種；陸生脊椎動物有 500 多種，其中國家重點保護野生動物有金絲猴、華南虎、金錢豹、白冠長尾雉、金雕、娃娃魚等共 54 種。區內藥用植物以種類多、產量大、珍貴稀有而馳名中外，被譽為「百草園」和「天然藥園」。1990 年加入聯合國教科文組織國際人與生物圈保護區網路。

再說這山上原有一頭黑虎精，它窺視炎帝石獅子嘗百草，生怕它復活了成為山大王，便採了一株「斷腸草」，又名「斷魂草」，趁炎帝不注意之時偷偷放進他的藥籃裏。炎帝將藥草又熬成湯灌兩石獅

子，獅子立即周身發黑，死了。炎帝萬分惋惜，叫人將兩個石獅子抬下山坡。

一天，炎帝從山上採藥回來，意外地發現一頭石獅子又奇跡般地復活了。他簡直不敢相信自己的眼睛，又百思不得其解，「左顧右盼」，終於明白了，原來一頭石獅子放在半山坡上，剛好旁邊有一棵小樹，樹葉上的露珠正在一滴一滴地滴進它的嘴裏，這就是石獅子死而復活的原因。他想，這準是一種解毒治病的還魂草，於是便採下樹葉熬湯，將另一頭石獅子也救活了。他自信地嘗了一口，口感性平味甘，香醇撲鼻，而且提神醒腦，精神頓時煥發。於是，他廣為宣傳這種樹葉的精妙之處。因此家喻戶曉，人人都以此作為煮飲飲料，藉以解渴，並將這種樹葉叫做「茶葉」。

在農業地區的人們，為了紀念神農，都建有神農祠或神農廟，或稱「先嗇宮」。

因神農教民始為稼嗇，故稱神農為「先嗇」。稼，耕作；嗇即「穡」，收穫。《禮·郊特牲》：「蠟之祭也，主先嗇而祭司嗇也。」鄭玄注：「先嗇，若神農者。」

陝西寶雞姜城堡的神農祠（廟）素負盛名；湖北隨州市北厲山的神農祠也很有名。神農的形象為裸背赤足，頭頂生角，口含粟谷，肩披樹葉。

北京市宣武區天橋西南有先農壇，明嘉靖中建。相傳周制有籍田，並祀先農，表示勸農的意思。歷代封建王朝沿襲此制。南朝宋元

嘉二十五年（449 年）始立先農壇。這是明清帝王祭祀神農的地方，每年都舉行定期的祭祀大典，表示帝王對神農的敬仰及其對農業的重視。

古代以羊祭神農，而不以牛祭，因為神農是「人身牛首」的形象。同時牛能耕田，與人相依為命，對農業有功，人們自然刀下留情，不忍心解牛去祭祀神農，這是一大禁忌。

神農，又因以火德稱王，火性炎，故稱炎帝。

古代方士有「五德」之說。以帝王受命正值五行的火運，稱為火德。相傳神農始以火德王。唐、堯亦為火德。《史記・秦始皇紀》：「始皇推終始五德之傳，以為周為火德。」

傳炎帝上山採藥，親嘗百草，中毒身亡。另一版本說他南下巡遊時積勞成疾而去世，葬於湖南株洲市東南的炎帝陵，炎帝陵又名「天子墳」。炎帝身後葬地實無考，此為紀念性建築。祠廟及陵墓皆坐北朝南，依次為正門、祭祀亭、炎帝殿及配享殿、陵寢。書「炎帝神農氏之墓」石刻碑立於碑亭內。陵周古木掩翳，洣水環流，岸畔有石似龍首、龍爪，稱「龍腦石」。陵側有被傳為炎帝採洗草藥場所的「洗藥池」。

盤古、伏羲、女媧都是蛇，少典是蛇，其後代炎帝、黃帝自然是蛇種。黃帝部落使用蛇為圖騰，後來變成了龍，這就公開宣稱自己是蛇的傳人。所以說中華民族是蛇的傳人，未必是無理無據。

神農嘗百草拯救黎民

　　早在太古時期，人類的祖先以獵取小型獵物、捕魚及採集野生植物為生，其工具特色是打製大而寬的投擲尖狀器、石碾和石磨、骨器及骨器飾物。約在公元前 5000 年時，他們又改進了一些磨製加工石器，如手斧、石碗、標槍、投擲石器上的石錘等。在這段漫長的人類社會中，一切武器都是石製的，這就是太古文明。

　　太古又稱上古、遠古，均在唐虞之前。

　　當時的人類夜居洞窟，晝處牧野，經常與洪水猛獸作鬥爭，與大自然作鬥爭，天下瘟疫流行，死者眾多。為了拯救蒼生，神農決意進入深山老林，遍嘗百草。

　　司馬遷在《史記‧補三皇本紀》中記載：「神農氏作蠟祭，以赭鞭鞭草木，嘗百草，始有醫藥。」

　　蠟祭是指周代十二月祭百神之稱。《禮記‧郊特牲》：「蠟者也，索也，歲十二月合聚萬物而索饗之也。」

　　赭（ｚｈ　）鞭是赤色之鞭。晉干寶《搜神記》：「神農以赭鞭鞭百草，盡知其平毒寒溫之性，臭味所主，以播百穀，故天下號神農也。」這就是說，神農在深山野林看見了枝繁葉茂的草木時，就用赤色的神鞭抽打，直到滲出了津液，才以口親自嘗一嘗，他通過舌尖的

感應就可分辨出各種草木的性味。

平藥是指性質平和的藥，可漸宣通。

毒藥是藥物的一種。毒藥攻邪。辟邪安正，惟毒乃能，因為有不同的性能集於一體，故通謂之毒藥也。對生物體有害的物質是毒藥。

在民間亦有傳說，神農嘗百草，嘗到了一種斷腸草，於是死了。

斷腸草又名鉤吻、胡蔓草，毒草名。晉張華《博物志》：「太陰之草，名曰鉤吻，不可食，入口即死。人信鉤吻之殺人，不信黃精之益壽，不亦惑乎！」

再說「溫」，就是藥性溫和的草木，用以治溫病。《素問》曰：「冬傷於寒，春必病溫。」溫病是多種熱病的總稱。《傷寒論‧傷寒例》：「中而即病者，名曰傷寒；不即病者，寒毒藏於肌膚，至春變為溫病，至夏變為暑病。」

漢淮南王劉安等著《淮南子‧脩務訓》云：「神農嘗百草之滋味，一日而七十毒。」可見神農是冒著生命的危險而遍嘗百草的。《黑暗傳》中亦有記載：「神農嘗服解毒藥，識破七十二毒神。要害神農有道君，神農判出眾姓名。七十二毒逃了生，三十六種還陽草。神農採回救黎民，毒神逃進深山林。至今良藥平地廣，毒藥平地果然稀。」

由於神農遍嘗百草，他已掌握各種草木的性能，所以在嘗到毒草之時，便能以一降物化解，才能轉危為安、化險為夷。常用的藥物有

黃連、金銀花、生甘草、連翹、板藍根、蒲公英、山豆根等。

神農識破了七十二毒神的面孔與野心。「七十二」是舉大數而言，表示眾多；「有道」就是有德行、有才藝、清明的人。

神農經過親身實踐，又識別出三十六種還陽草，又名「還魂草」、「卷柏」。全草入藥，性平、味淡微澀，功能收斂、止血，主治脫肛、吐血、鼻衄、帶下、血崩等症。

神農還識別了哪些物種可以食，哪些不能食用，哪些物種可以作藥物治病。其中，上等藥物一百二十種，可以攝養身心，以期保健延年。中等藥物一百二十種，可以涵養本性，靜漠恬淡，補虛助氣。如，補肺氣，用人參、黃芪等；補肺陰，用沙參、麥冬等；補腎，用龜甲、熟地黃、黃柏、女貞子、鱉甲等；補陽虛，用大戟天、仙靈脾、肉桂、補骨脂、菟絲子等；補血，用地黃、當歸、白芍、何首烏等。神農還辨別出一百二十五種下等藥物，可以治病求本。

後世的藥物學家和醫學家，根據《神農本草經》的佚本，共載藥物三百六十五種。詳述藥物性味、功用和主治，為中國現存較早的藥物學重要文獻。該書把藥物分為三品：無毒的稱上品為君，毒性較小的稱中品為臣，毒性較大的稱下品為佐使。將藥物分為君、臣、使三等，給予藥物人格化。

自古以來，神農就受到人們的敬重，被尊稱為「藥物學的鼻祖」。《神農本草經》被譽為中國藥物學的奠基之作。

黃帝神話──人文初祖

少典是古代帝王。娶有氏，生炎帝、黃帝，黃帝又叫皇帝。

黃帝姓公孫。生於壽丘，長於姬水，居於軒轅之丘，故名軒轅。號有熊氏，因長期居於姬水，便以地為姓姬。古書稱之為皇帝，原意為「皇天上帝」。「帝」指上帝。「皇」是帝的形容詞，形容帝的偉大，是一代偉人。又因古人以五色配五行五方，土居中央，土又是黃色，故以黃色為中央正色。後來神化了軒轅，奉之為五方之帝的中央之帝，故又稱為黃帝，即以土德稱王。土色為黃，故作「黃帝」。

五色是青、黃、赤、白、黑。舊時把這五種顏色作為主要顏色；五行是金、木、水、火、土，古代稱其為構成各種物質的主要元素；五方是東、西、南、北、中。

相傳黃帝的母親叫附寶。一天夜裏，附寶目擊一道電光環繞著北斗樞星。當時那顆樞星隕落，附寶自此感應而孕，懷胎 24 個月而一朝分娩，這嬰兒就是後來的黃帝。這嗷嗷待哺的娃娃，生下不多久便能說話。這是「生而神靈，弱而能言」。他最初的形象醜陋、怪異而神奇。相傳他長有四張臉，可以在同一時間內觀測四方的動靜，這當然是讓人疑惑的傳說。

黃帝長到 15 歲而無所不通，馭百神，制四方，主司風雨雷電，創造天地萬物。他坦誠勤勞，明辨是非，博聞強記，人皆不及，長大

之後被推選為部落聯盟的首領，頓時聯盟勢力崛起。其時「諸侯相侵伐，暴虐百姓」，弄得雞飛狗走，天下大亂。黃帝審時度勢，把握住這一有利契機，大力「慣用干戈」，征服不肯降服稱臣的部落，其來勢洶，使勢衰力薄的炎帝心懷危懼。他亦想讓諸侯歸附於己之麾下，後「諸侯咸歸軒轅」。黃帝自西方來到中土之後，間或遭受東部地區九黎族的抵抗襲擊，不得已而潰退至河北涿鹿（桑乾河）流域，其時元氣大傷，士氣受挫。但黃帝卻修明政治，努力發展生產，種植五穀，囤積糧食，撫恤百姓，安定四方而元氣和順；又積極修習戰備，提高軍人的作戰能力，修德振兵。一切準備得停停當當之後，黃帝就統率各部大軍，據有羆、熊、貔、貅、、虎、豺等各類獸圖騰的部落，另外還有奇異的應龍和女魃，讓他們各自施展奇能和異術，與炎帝打了三場大仗，戰鬥場面極其慘烈又殘酷，士兵鮮血流匯成河，叫人目不忍睹。最後炎帝慘敗，黃帝的勢力佔據了整個中原地區。

黃帝與炎帝的這場戰爭，史學家稱為「阪泉之戰」。阪泉其地說法不一，一說在今河北涿鹿縣東南，一說即今山西運城市鹽池。

但是戰爭並未到此止息，炎帝的後裔和臣子都先後接踵奮起為炎帝復仇雪恨。諸侯及其它部落也興兵與黃帝作戰。

黃帝在阪泉之戰獲取勝利之時，東方沿海地區以蚩尤為首的九黎族亦雄踞於蘇北、山東等地。先是蚩尤起兵討伐黃帝，他本有兄弟七十二人，「獸身人語」。他們均長四隻眼睛，頭上長角，六條胳膊，銅頭鐵額，兩寸長的牙齒，無比堅硬尖利，吃石頭和鐵塊。作戰時能興雲駕霧，耳鬢長毛倒豎起來猶如劍戟，銳莫能擋。

一說蚩尤有兄弟八十一人，這是九個部族聯合起來，每個部落有九兄弟。蚩尤本人人身牛蹄，八眼四手，手握大斧，毛髮豎立，五彩繽紛；禁閉妖魔，對神靈惡魔明察秋毫，一切神魔，均莫敢近。

蚩尤又能冶銅以製造兵器，裁草以縫甲冑，充當「司兵之神」。

蚩尤一邊加緊訓練兵士，一邊趕造武器，加緊戰備。當一切準備就緒，便興師動眾，向黃帝發起猛烈的進攻。經過多次交鋒，雙方勢均力敵，莫能相食。黃帝不得已而收兵回到泰山，再厲兵秣馬，作好戰勝蚩尤的準備。但剛到那裏，一連三天三夜大霧彌漫，天昏地暗，伸手不見五指。正當此時，突然在黃帝跟前出現一位婦人，人頭，鳥身。黃帝連忙下跪，再三地叩頭，伏地不敢起立。婦人道：「我是九天玄女，你有何難事要直白地說出來。」黃帝求之不得，便道：「我想進攻蚩尤時出師萬次而旗開得勝，馬到成功；防禦時，埋伏萬次而萬次都不被敵人發現，請指點我應當怎麼辦？」於是九天玄女將戰法一五一十地教給了他。

當時有一座流波山聳立在東海中，入海有七千里之遙，住有一頭怪獸，名叫夔，其狀如牛，蒼色無角，一足能走，出入水即興風雨，目光如日月般光輝。黃帝的諸侯將其捕捉之後，黃帝便將它殺掉，用它的皮作鼓，以雷神的骨頭擊打，發出的鼓聲在五百里外都能聽到。

黃帝在想，蚩尤的頭堅如銅鑄，能騰雲駕霧，飛牆走壁，強悍至極，要制服他談何容易？他吸取了前幾次戰爭的教訓，又總結了經驗，才運籌帷幄，制定了周密的作戰計劃。

一天晚上，黃帝夢見突然刮起漫天大風，飛沙走石，把大地上的塵垢刮得蕩然無存。接著又夢見一人手持千鈞之弩，驅逐數萬羊群。夢斷之後，黃帝感到非常詫異，心想：風，號令而為主；垢是污穢，水土無垢為潔。天下莫非有姓風名後的人？千鈞之弩是讓力能致遠，馳數萬羊群，是牧人為善，難道有力姓牧名的人不成？他越想越好奇，又越發狐疑。於是，便派部屬在天下覓尋這兩個人。工夫不負有心人，結果在沿海地區找到了風后，在水草叢雜之處找到力牧。

後以風后為黃帝相。《史記·五帝紀》：「舉風后、力牧、常先、大鴻以治民。」《集解》引鄭玄注：「風后，黃帝三公也。」

力牧也為黃帝臣。黃帝夢人執千鈞之弩，驅羊數萬群。依照占卜找尋，得力牧於大澤，進以為將。

為了有效地戰勝如此強大的九黎族，黃帝修德振武，製造武器，創作軍樂，設制軍旗，創立陣法。這時九黎族又掀起烽煙，不斷侵襲早已敗於黃帝部族的地域。勢單力薄的炎帝與九黎族亦勢不兩立，立即向黃帝求救，黃帝就與他結成共同抗擊九黎族的部落聯盟，共同攜手進擊敵人。此時黃帝被諸侯尊為天子。黃帝與蚩尤在涿鹿山雙雙擺開陣勢鏖戰。蚩尤布下百里大霧迷漫整個天空，霧霾三日三夜不散，黃帝的士兵一時暈頭轉向。這時黃帝便令風后造指南車，以指示方位，風后用天然磁鐵礦琢磨成指南針，磁鍼在地磁作用下能保持在子午線平面內，利用這一性能，即可辨別方向。在這危急時刻，西王母亦派玄女前來，教他三宮秘略、五音權謀之術，這正是「天助我也」，蚩尤不敗才怪呢！

西王母又稱金母、王母娘娘、西姥、女神。《山海經》說她是一個豹尾虎齒而善嘯的怪物。又稱「瑤池金母」，民間以為長生不老的象徵。

「玄女」又稱九天玄女。黃帝戰蚩尤，天遣玄女下授兵符，乃得勝。相傳六壬、遁甲諸書皆出於玄女。

「三宮」，指天上有三個星座，即紫宮、太微、文昌。秘略是奧旨的策略精義。

「五音」是宮、商、角、徵、羽，也叫五聲。

接著風后又演化出遁甲之法。這是古代方士術數之一。起於《易緯乾鑿度》太乙行九宮法，盛於南北朝。神奇的說法是出自帝風后及九天玄女。其法以十乾的乙、丙、丁為三奇，以戊、己、庚、辛、壬、癸為六儀。三奇、六儀，分置九宮，而以甲統之，視其加臨吉凶，以為趨避，故稱遁甲。

黃帝做了充分的準備之後，便在冀州（今河南、河北一帶）與蚩尤重新開戰。

蚩尤率領的是南方巨人族，是獰猛怪異的族群，是一批強悍的部落，如剽悍的苗民，還有稀奇怪樣裝飾的魑魅魍魎等一齊殺向涿鹿的大原野。這是一場水神與火神的戰爭。他是算準了大霧彌漫的天氣才發動攻擊的。他會興作大霧，連續三天三夜，又請風伯、雨師縱風下雨，大舉進攻黃帝，剋制應龍的神通。

魑魅魍魎，魑是山神；魅是怪物；魍魎是水神。即各種山神、鬼怪。

　　風伯是風神，能興疾風；雨師是司雨之神，即二十八宿之畢宿，一說屏翳為雨師；一說共工之子玄冥為雨師。

　　應龍即有翼的龍。龍五百年為角龍，又千年為應龍。

　　黃帝馬上命令天神女魃下凡，所到之處，狂風暴雨立刻消逝，破壞了風伯、雨師的法術。應龍生擒了蚩尤和夸父。黃帝命令殺蚩尤於凶黎之谷，分屍葬於四處，使之屍首異地。

　　女魃是旱神。《山海經·大荒北經》：「有人衣（穿）青衣，名曰黃帝女魃。蚩尤作興伐黃帝，黃帝乃命應龍攻之冀州之野。應龍蓄水，蚩尤請風伯、雨師縱大風雨。黃帝乃下天女曰魃，雨止，遂殺蚩尤。」《張衡傳》中的《應間》：「夫女魃北而應龍翔，洪鼎聲而軍容息。」

　　黃帝平日恩威兼施，厲兵秣馬，勵精圖治，戰時胸有成竹，指揮若定，用雷神骨槌，奮力擊打用夔牛皮製成的軍鼓，回應聲震天動地，遠聞五百里，一連九通，聲威大震，士氣昂揚，獸陣神兵，再加上應龍、女魃，把蚩尤以及其部屬的夸父族人等趕盡殺絕。戰鬥極其殘酷而慘烈，乃至「流血百里而飄杵」。這是一場中國神話中的大戰，雙方的鮮血染紅了涿鹿的大片原野，污染了流水，這與阪泉之戰都是混合血與淚的戰爭。

　　黃帝把蚩尤的身首分別葬在兩個地方，這是為了不再讓蚩尤日後

成精作怪，再來搗亂。一段屍體葬在東平郡壽張縣闞鄉城裏。傳說墳高七丈，平日均有一股紅色的雲氣從墓中直沖高空，猶如一匹絳紅色的布懸空而掛，人們稱之為「蚩尤旗」，民常十月祀之。後來又有一種體育運動項目叫「蚩尤戲」，這是角觝的別名。秦漢年間有傳說：蚩尤牛耳，鬢如劍戟，頭有角，與軒轅鬥，以角抵人，人不能向。冀州舊樂名「蚩尤戲」，其民兩兩三三，頭帶角而相抵，即角觝之戲。

蚩尤的另一段屍體葬在山東西南部萬福河北岸的巨野縣重聚鄉。墳墓的規模與闞鄉城的相似。因蚩尤被殺時身首分離，故被殺之地稱為「解」。解即剖開，分割肢體。時至今日，解州還有大鹽池鹵水的顏色是殷紅的，當地人稱之為「蚩尤血」。蚩尤被解開肢體之後，他身上的枷桍被拋擲在大荒中的宋山上，之後枷桍變成大片的楓木之林。殷紅色的楓葉比二月的花還紅，象徵著蚩尤灑在枷桍上斑斑的血跡和千滴的淚珠，好似在訴說著他無限的悲憤、怨入骨髓的氣恨。

蚩尤及其八十一名兄弟皆銅頭鐵額，頭上長角，異常獰猛；能造戈、矛、戟、酋、夷矛等兵器；在與黃帝作戰中，又得到夸父族人、風伯、雨師，還有魑魅魍魎等相助；既會吹煙噴霧，又能飛空走險，雖然戰敗被殺，但雖敗猶榮。古代齊國祭祀入尊天神，第三位便是他；秦末劉邦起兵，也在沛庭祠祭蚩尤和黃帝。這說明後代的人已將蚩尤作為戰神祀奉。他死得悲慘，但又不以勝敗論英雄，蚩尤戰敗，但並非狗熊，他同樣是英雄。

黃帝雖然戰勝了蚩尤，但天下並不自此太平。後來，神農之後裔榆罔又興兵與黃帝爭天下。黃帝製造鶡、鷹鸇為旗，以熊羆虎豹為前

驅，在阪泉之野與榆罔會戰，歷經三次血戰，終於將榆罔擊潰。

接著炎帝的屬臣刑天又與黃帝爭神位，黃帝砍掉了他的頭，將其屍體埋葬在常羊之山。被砍斷了頭的刑天死前便以自己的兩個乳頭作眼睛，以肥大的肚臍作嘴巴，左手執盾，右手持斧，仍然殺氣騰騰地在那裏揮舞，血戰到底，不肯倒地。晉陶潛《讀山海經》詩「刑天舞干戚，猛志固常在」即詠此事，謳歌刑天「寧願站著死，不願跪著生」、戰鬥到底的頑強精神。

「干戚」是盾與斧，皆古兵器。

黃帝親率兵馬征討各方不肯降服的諸侯，前後共經 52 戰之後，才統一了天下。

再說黃帝擒殺蚩尤之後，夸父又前來挑戰，黃帝再派應龍出戰，殺死了夸父。

「夸父」的傳說有三個版本。《山海經・海外北經》：「夸父與日逐走，入日；渴欲得飲，飲於河、渭。河渭不足，北飲大澤。未至，道渴而死。棄其杖，化為鄧林。」又有一說夸父為獸名。《山海經・東經》：「（㸟山）有獸焉，其狀如夸父而彘毛。」又《西山經》：「（崇吾之山）有獸焉，其狀如禺，而文臂豹虎而善投，名曰舉父。」《注》：「或作夸父。」舉、誇聲近，故夸父也作舉父。

本文所指的是第一個版本，夸父是炎帝的後裔。傳曾追逐落日，想在日落虞淵之前追上日影。途中口渴，飲盡黃、渭河水，渴猶未止。想北去飲大澤水，中途渴死。死後手中杖化為桃林（或樹林）。

夸父子孫繁衍成夸父國，在黃帝與蚩尤戰爭中，曾助蚩尤作戰。

經過了這場血與火的大廝殺，應龍的神力已耗盡，不能再升天行雨了，只好居住在南方深山大谷中，所以南方多雨，往往形成澤國。後來下界每鬧旱災時，人們經常裝扮成應龍的模樣，實行求雨的法術，向上天祈禱以求福下雨，解除旱象。

女魃也破了功力，不能返迴天上，於是她所居住的地方就不再下雨，變成一片酷熱的天地，赤地上不生五穀。叔均只能如實向黃帝報告，然後將女魃安置在赤水之北。赤水是神話中的水名，出東南隅而東北流向。但是女魃卻常逃出來。這個旱魃所到之處，人人惶恐。因此，人們要驅逐女魃時，總是首先清除水道，疏通溝渠，然後禱祝道：「神啊！回到你的赤水之北的老家吧！」人們以這種方式進行驅魃的儀式。

旱魃是能致旱的神。傳南方有人，長二三尺，而目在頂上，行走如風，名曰魃，所見之國大旱，赤地千里，一名旱母。

黃帝一統天下之後，劃分州野，制禮興樂，教化百姓。帶領部屬在涿鹿山麓的平原地帶建造都邑。他還巡遊四方八境，每到一地，均要求士兵築起高壘來防衛，確保安全。建造房屋，使百姓不再穴居野處。黃帝「見百物，始穿井」，讓百姓得以擺脫了依賴河流而居的生活方式，使人的活動領域得以拓展致遠，使百姓生產與生活穩定。

據考古發現，太湖地區新石器時代早期的河姆渡文化（1973年發掘）中有「干欄」建築遺跡，樑柱間用榫卯接合，地板用企口板密

拼，具有相當成熟的木構技術。生產工具有伐木用的石斧、石鑿，農耕用的骨耜和狩獵用的骨鏃等。陶器為黑陶，造型簡單，主要是缽、罐、盆、盤等，有類似鼎足的活動支座。同時也發現了大量穀物遺跡，說明農業是當時的主要經濟載體，還飼養有豬、狗、水牛等家畜。這是一種與黃河中游的仰韶文化完全不同的文化類型，其年代極為久遠，據碳-14 法測定，河姆渡三、四層的年代約為公元前 4800 年。當時也有木構淺水井。所有以上發現均證明，從很早的年代起，中國人的祖先不僅在黃河流域，同時也在長江流域創造了燦爛的原始文化。

1928 年首次於山東章丘龍山鎮城子崖發現的龍山文化，約在公元前 2800 至前 2300 年，屬父系氏族公社時期，有黑陶，故稱「黑陶文化」。生產工具有很發達的磨製石器，出現了石鐮、蚌鐮。陶器已開始用輪製，以灰陶為主，黑陶次之，紅陶與白陶極少。除平底器外，有圈足和三足的；飾紋有繩紋、藍紋、方格紋、弦紋等，還有鏤孔的。此外還發現有水井、卜骨。經濟生活以農業為主，有較發達的畜牧業。

黃帝生活的時代距今有 4500 年左右，也正處在我國父系氏族公社時代。黃帝「弦木為弧，剡木為矢；弧矢之利，以威天下」(《易·繫辭下》)。

鑿木成半圓形狀像弓稱「弦」；木弓叫「弧」。剡，削。一作「掞」。

石鏃是遠在黃帝之前早已發明的，並非由黃帝發明。據 1963 年

在山西朔縣（今朔州）峙峪發現的峙峪人為一塊枕骨，地質時代屬更新世晚期，距今約 28000 年；同時發現大量燒骨、動物化石和大量石器。動物化石以野馬、野驢、普氏羚羊為主，並有披毛犀和王氏野牛。石器體積一般不大，主要有小型砍砸器、尖銳器和石鏃。

當時的石鏃（箭）是靠人力投射的。人力不可持久，同時又必須在近距離內，才有把握射中目標，這樣造成的殺傷力不大。為了把箭射得更遠，又能發揮最大的殺傷力，黃帝最終發明了弓，加上箭，利用弓的彈性，就形成了厲害無比的殺傷性武器弓箭。弓之前稱為弩，這是一種機括（一作「栝」），為弩上發箭器的機件。機是弩牙，栝是箭手括。

黃帝既「斷木為杵，掘地為臼；杵臼之利，萬民以濟」。又有「雍父作杵臼」之說。雍父，傳為黃帝臣，始作臼。

杵臼為穀物加工的工具。但早在新石器時代（約 7000 多年前），人們就已發明了石磨盤、磨棒等穀物加工的工具。

倉頡又作蒼頡。黃帝之史官。始作漢字。一說伏羲以前或炎帝之世或神農、黃帝之間人。也有人認為就是史官的稱謂，當為古代整理文字之代表人物。《荀子‧解蔽》：「好書者眾矣，而倉頡獨傳者一也。」

黃帝的妻子嫘祖發明養蠶繅絲，被奉為蠶神。後民始得「治絲繭以供衣服」。

黃帝還「刳術為舟，剡森為楫；舟楫之利以濟不通，以利天

下」。楫是船槳。

黃帝作車。車輪的發明也在新石器時代後期。

黃帝「採首山銅，鑄鼎於荊山之下」。荊山在今河南靈寶縣南，又名覆釜山。後來夏禹收九州之金，鑄九鼎以象萬物。

其時黃帝的大臣曹胡發明了上衣，伯余發明了下裳，從此人們不再用樹葉來遮蔽身體，不再穿獸皮、樹皮。故有黃帝「初作冕」，「重衣裳而天下治」之說。

伯余是古代最初製造衣裳的人。《淮南子‧氾論》：「伯余之初作衣也，緂麻索縷，手經指掛，其成猶網羅。後世為之機杼勝復，以便其用，而民得以掩形禦寒。」又注：「伯余，黃帝臣。」《世本》曰：「伯余製衣裳。一曰伯余，黃帝。」以前人們以獸皮為衣。黃帝時代便以葛、麻織物為衣，紡織與製衣的技術相當普及。

當時，於則又製造出鞋子。人們從此不再赤腳。《太平御覽》引《世本》：「於則作履扉。」又注：「於則，黃帝臣。草曰扉，麻曰履也。」

黃帝又根據浮葉飄在水上的原理製作舟船行於水上，將河水兩岸的陸地連接起來，讓人們不再涉水過河，依靠擺渡，「同舟共濟，安危勢同」。共鼓又配上舟楫行於水上，更使舟船如虎添翼，渡過河道快速如飛。

共鼓是黃帝之臣，與貨狄二人造船。

《荀子·勸學》：「假楫者，非能水也，而絕江河。」「絕」在這裏是跨過的意思。

其時，又根據轉蓬的原理，發明了車輻，以便利四方相交相通。

「轉蓬」即蓬草隨風飄轉。《後漢書·輿服志》上：「上古聖人見轉蓬始知為輪。」車輻即是車的輪輻。從此，人們便利用牛馬拉車，運載重物，生活就更為方便。

其時，黃雍父又發明了舂。接著，黃帝又令人製造出釜甑。從此百姓便可蒸飯煮粥。

舂，用杵臼搗去穀物的皮殼。

釜為烹飪器。即無足之鍋；甑，瓦制煮器。後世以竹木製者稱蒸籠。

在新石器時代晚期的龍山文化中，更有釜、鼎、甑、鬲、罐等各種炊器。

燧人氏古帝，發明鑽木取火，使民熟食。《韓非子·五蠹》：「民食果蓏蚌蛤腥臊惡臭，而傷害腹胃，民多疾病。有聖人作，鑽燧取火以化腥臊，而民說（悅）之，使王（統治）天下，號之曰燧人氏。」到黃帝時代，飲食烹飪的技術更有所提高和進步，炊器的種類也繁多。

黃帝命「羲和占日，常儀占月，臾區占星氣」，並令「大撓作甲子」。

羲和是傳說中掌天文曆法的官吏。《史記‧曆書》：「蓋黃帝考定星曆。」司馬貞索隱引《世本》：「黃帝命羲和占日。」《尚書‧堯典》載，堯派羲仲、羲叔、和仲、和叔分駐東、南、西、北四地，觀星相，定季節，製作曆法。《尚書‧胤征》載，夏朝仲康時的羲和因沉湎於酒，昏迷天相，未能預報日食，仲康命人征伐治罪。

大撓是黃帝史官。相傳他始作甲子，以干支相配以記日。《世本》：「容成作曆，大撓作甲子。」容成、大撓皆為黃帝史官。容成「綜六律而著調曆（曆法）。」

容成作曆法。後被道家列為僊人，號容成公，善養生之術，為黃帝師。

從 1952 年開始發掘的鄭州商代遺跡中發現鑄造銅、製陶、制骨等手工坊遺址，以及貴族和平民的墓地。從中就發現了太陽紋、月亮紋、日暈紋與星座圖等，這些天象資料都與天文曆法有密切的關係。這些曆法資料又與農業的生產和發展息息相關，後來到了黃帝時代，更有進一步對天文的觀測和研究。黃曆就是軒轅黃帝頒佈的曆法，尊稱為黃曆，是炎黃子孫對祖先黃帝的尊敬和永恆的紀念。所以後代自稱為天子的皇帝均沿用黃曆。歷代皇朝的曆書都由皇帝頒佈，並由官方刻印，因此黃曆又名皇曆。到了清朝頒發的曆書泛指為曆本。除載農時節氣外，又有一些封建迷信的「宜忌」，如某日宜祭祀，某日忌出行，某日喜神在何方，等等。

黃帝又令「伶倫造樂律」。

伶倫是黃帝時的樂官。又名冷綸、冷淪氏、冷倫。後稱演員為伶倫。祭天的《雲門大卷》更是莊嚴隆重的樂舞。

黃帝自己又改造了「庖犧之瑟，為二十五弦，長七尺二寸」。

黃帝之孫曰伯陵。伯陵私通緣婦，生了三個兒子，其中的鼓與延創制了鐘，又製作了種種樂曲，為人間的音樂增加了聲音響亮而清遠的鐘聲。黃帝時代是我國音樂大發展的百花爭豔時代。

黃帝命「雷公、岐伯等論經脈，傍通問難八十一，為難經。教制九針，著內外術經十八卷」。

雷公為黃帝之臣，善醫。黃帝坐明堂，召雷公而問之，共同討論醫學理論，載於《素問》、《靈樞》兩書中。

黃帝設置左右大監督責四方諸侯，各方諸侯皆同敬合恭而和善相處，呈現了「治天下，致昇平」的太平景象。

黃帝又設祭場以祭祀鬼神山川，更為鄭重。凡遇大事如朝、盟誓、祭天、封拜、封禪等均以土築高臺集體祭拜，隆重無比。

《史記·封禪書》：「黃帝作寶鼎三，象天地人。」《武帝紀》、《孝武紀》也有黃帝得寶鼎的記載。鼎為王朝相傳之重器，故稱為寶。

黃帝又獲能預測節氣日辰的通靈即神異，能與神靈相通。他用風后、力牧、常先、大鴻四大臣去治理百姓。大鴻是鬼臾區的稱號。《封禪書》：「鬼臾區，號大鴻。」

黃帝順應天道之變化無常、天地四時之規律，闡明了陰陽五行的變化，制定出養生送終的基本規範。

　　四時即春、夏、秋、冬。《書‧堯典》：「以閏月定四時成歲。」四時即四季。每時三月，其第三個月為季月，即三、六、九、十二月，季月終則進入另一時。因為四時中各有一個季月，故又稱四季。

　　黃帝遵循季節的時令，因為晴雨無常，時令反常，生靈受其病。所以他按照季節種植百穀草木，馴化鳥獸昆蟲。他所關注的事情大到日月星辰的運行，小至水波、土石、金玉的性能，幾乎無微不至、無所不及。他不惜生命，竭盡忠誠，思不懈於思考，力不懈於親躬，目不懈於察物，耳不懈於傾聽。恒思一絲一縷來之不易，山林川澤的物產儘管豐盛，他總是很有節度地使用，開源節流，精打細算。

　　一次，黃帝在赤水以北的地方遊玩，登上了崑崙山巔，當下山時，不慎丟失了一顆黑色珠寶。他先後派了一名叫知的聰明天神和一名叫離朱的明目天神去尋覓，但都空手而歸。

　　離朱是古之明目者。《莊子‧駢拇》：「青黃黼黻之煌煌，非乎，而離朱是已。」《孟子‧離婁》中寫作離婁。漢趙岐注曰：「離婁者，古之明目者，蓋以為黃帝之時人也。黃帝亡（丟失）其玄珠，使離朱索之，離朱即離婁也，能視於百步之外，見秋毫之末。」離朱算是遠視的千里眼了，在遠距離之外能看見細而末、銳如鳥獸之毫毛的東西。

　　黃帝又派大力士喫詬去尋覓，仍然空手而歸，真是踏破鐵鞋無覓

處。

喫詬是古代力氣最大的人。《莊子‧大地》：「黃帝遊乎赤水之北，……遺其玄珠，使知索之而不得，使離朱索之而不得，使喫詬索之而不得也。」

黃帝求玄珠之心切，不得已而求其次，又派一個處事隨隨便便的象罔去尋找，但奇跡出現了，他竟得來全不費工夫。黃帝萬萬沒有想到竟有這樣的奇事。他深感驚奇道：「怪哉，怪哉！像象罔如此漫不經心的人竟能一去就把黑色玄珠找到了，怪異啊！」

象罔又作罔象。《莊子》寓言中的人物。象，形象；罔，無；象罔，無心之謂。張融《答周顒書》：「但敷生靈以竦志，足不罔象以捫珠。」

可惜，過了不多久，震蒙氏的女兒竟敢在黃帝的頭上動土，盜竊了黃帝的這顆玄珠，且沉江而死，最終化為一個馬首龍身而又奇形怪狀的神，即江瀆神。

一天，黃帝和大臣們正在洛水上觀賞風景，忽然見到一隻大鳥銜著一張圖，放在他的跟前，黃帝連忙拜受下來。再看那鳥，形狀似鶴，雞頭、燕嘴、龜頸、魚尾、駢翼、龍形，五彩斑駁。圖中有六字：慎德、仁義、仁智。他深感稀奇，立即去問天老。天老直白地說，這種鳥雄的為鳳，雌的謂凰。早晨叫是登晨，白天叫是上翔，傍晚鳴叫歸昌，夜間鳴保長。鳳凰一出，天下安寧，是大祥的徵兆。

鳳凰為瑞鳥。《大戴禮‧易本命》：「有羽之蟲三百六十而鳳凰為

長。」

　　歸昌是鳳凰的鳴聲。漢劉向《說苑・辨物》:「夫鳳，……飛鳴曰上翔，集鳴曰歸昌。」一說「晝鳴曰上朔，夕鳴曰歸昌」。

　　後來，黃帝又夢見兩條龍持一幅白圖自黃河中出來獻給他。他百思不得其解，又來問天老。天老對他說，這是河洛書將要出現的預兆。於是黃帝便與天老等結伴於河洛之間泛乎中流，沉璧於河中，殺三牲齋戒。最初三日是大霧連連，之後又降大雨七日七夜。這時奇跡出現了，有黃龍捧圖自河中而出。黃帝誠惶誠恐地下跪接圖。只見圖上五色斑交錯，白圖藍頁朱文，正是河洛圖書。

　　天老是黃帝臣。《後漢書・張衡傳》中的《應間》:「方將師天老而友地典，與之乎高睨而大談。」後來因以作宰相重臣的代稱。

　　三牲是指牛、羊、豬，具為一牢；道家以麞、鹿、麂為玉署三牲。

　　齋戒是指古人在祭祀前沐浴更衣，不飲酒，不吃葷，不與妻妾同寢，整潔心身，以示虔誠。《孟子・離婁》下:「雖有惡人，齋戒沐浴，則可以祀上帝。」

　　河圖是關於《周易》一書來源的傳說。《易・繫辭》上:「河出圖，洛出書，聖人則之。」漢鄭玄以為《洛書》即《洪範》九疇。《書・洪範》:「天乃錫（賜）禹《洪範》九疇。」漢孔安國說:「天與禹洛出書。神龜負文而出，列於背，有數至於九。禹遂因而第之以成九類常道。」孔認為河圖即八卦。

黃帝接受河圖洛書之後，便開始巡遊天下，封禪泰山。這是古代帝王祭天地的典禮。在泰山上築土為壇祭天，報天之功，稱封；在泰山梁父山上闢場祭地，報地之功，稱禪。自漢以後，歷代封建王朝都把封禪作為國家大事典。《大戴禮・保傅》：「封泰山而禪梁甫。」《史記》裏亦有《封禪書》。

　　黃帝打敗各個部落的進攻之後，深受人民的擁戴，自此亦少過問政事，而注重於調養身體，滿足口福，娛樂耳目，結果反而弄得個顏色憔悴，形容枯槁，頭腦昏眩，雙目昏黑髮花，心神無主，神志失常。過了十五年，社會動盪不安。黃帝亦坐臥不安，食不甘味，憂心忡忡。於是再振作精神，竭盡全力治理百姓，但還是沒有多大效果。他歎息地說：「我的過失太大了啊，只顧保養身體，才招致了如此的禍害。我兢兢業業，如臨深淵，如履薄冰，一心想治理好國家，但仍然扭轉不了這樣的頹勢。」於是他乾脆將繁忙的政務摒之門外，捨棄富麗的殿宇，拋棄左右親近的人，撤除娛樂的樂器，減少美味的佳餚，獨自生活在隱居之所，改過自新，排除使人沉溺的情慾，三月不施政辦事，亦不過問行政事務。

　　一天，黃帝竟做了三個白晝夢，夢見自己在華胥之國隨意遨遊。這是一片世外桃源極樂土，是人類最理想的國家。《列子・黃帝》：「（黃帝）晝寢而夢，游於華胥氏之國……其國無帥長，自然而已；其民無嗜欲，自然而已；不知樂生，不知惡死，故無夭殤；不知親己，不知疏物，故無愛憎；不知背逆，不知向順，故無利害。」

　　黃帝白晝做的華胥夢是：這個理想之國沒有統治者，一切順其自

然；百姓沒有任何私欲，一切順其自然；他們不知歡樂與求生，也不知憤怒與死亡，故無一個短命鬼；不知偏愛自己，不知疏遠外物，故無愛憎；不知背叛和不順從，不知看人眉睫，依附權勢，攀高結貴，故無利害關係。全然沒有對人熱腹冷腸，也全然沒有畏首畏尾，顧忌過多，沉水也不會溺死。火海敢闖，也不會灼傷，刀山敢上，刀砍鞭打無傷痛，指甲搔爬無痛癢；騰雲駕霧如同腳踏實地，睡在虛處如同躺在榻上。濃雲密霧遮擋不住他們的視線，雙眼看透千里之外。雷霆之響對他們的聽覺毫無干擾，長有一雙順風耳。美惡不會迷亂他們的心意，山谷不能絆倒他們的腳步。所有這一切都是自然的元氣在運行罷了。《莊子・田子方》云：「夫至人者，上闚青天，下潛黃泉，揮斥八極，神氣不變。」這個理想之華胥國，一切順應天道，遵循天意，人的思想與生活自由自在，活得舒坦，活得有尊嚴，人人其樂也融融，社會其樂也泄泄，人人恬然無思，個個淡然無慮。

黃帝夢斷之後，心情突然豁亮，器度開闊，豁達大度，召來力牧、天老、太山稽等左右重臣，對他們道：「我閒居避世了三個月，神志正常地進行深刻的反省，摒除雜念省察過去言論行止的錯誤，苦思那調養身心治理萬物的道理，都沒有得其要領。後來我疲憊不堪而入睡，才進入夢鄉，夢到這些情景。現在才開始領悟到最高深而精妙的道理，這是不能依靠主觀想像去求得的，都要一切遵循天意，順其自然。我領會了，我豁然領悟了，只能意會，不可言傳，故無法告訴你們啊！」

有一次，黃帝聽說有個叫廣成子的僊人住在崆峒山[1]，就立刻前往，向他諮詢請教。

廣成子，居崆峒山石室之中，黃帝曾請問至道之要。

廣成子對黃帝說：「自從你治理天下以後，雲氣不聚而雨，草木不枯則凋，日月的光輝受暗。而奸佞小人之心反都得以成道，你又憑什麼值得我和你談論最善的道呢？」這就是黃帝獨居離人反省了三個月的原因。

黃帝反省了三個月之後，再顧廣成子。這次廣成子頭朝南躺著，黃帝兩膝著地，光著雙腳爬到他的床前，問他怎樣才能獲得長生。廣成子欣然而起道：「此問甚好！至道之精，窈窈冥冥；至道之極，昏昏默默。無視無聽，抱神以靜。形將自正，必靜必清；無勞汝形，無搖汝精，方可長生。目無所見，耳無所聞，心無所知，如此神形合一，方可長生。」說完，廣成子給他一卷《自然經》。

窈窈即深遠，奧秘；冥冥即玄遠，幽暗；

昏昏是寂靜無為；默默是空無。窈、冥、昏、默，皆了無也。

黃帝向廣成子問至道，得了《自然經》之後，接著又登上王屋山，取得丹經。又向玄女、素女求教養生之法。

玄女即上面所說的神女。黃帝戰蚩尤，天遣玄女下授兵符，乃得

1　關於崆峒山有以下幾說：一、在甘肅平涼市西。又名雞頭、笄頭等。《史記・五帝紀》：「　帝至於崆峒，登雞頭。」即此。二、在甘肅高台縣西北。傳說　帝曾登此山。三、在河南臨汝縣西南，《莊子・在宥》謂帝問道於廣成子之所。

勝。

素女是神女名。她長於音樂。《史記・封禪書》:「太帝使素女鼓五十弦瑟。」《古文苑》中揚雄的《太玄賦》:「聽素女之清聲兮,觀宓妃之妙曲。」或言其知陰陽天道。《吳越春秋・句踐伐吳外傳》:「越王還於吳,當歸,而問於范蠡曰:『何子言之,其合於天?』范蠡曰:『此素女之道,一言即合大王之事。』」或言其善房中術。漢王充《論衡・命義》:「素女對黃帝陳五女之法,非徒傷父母之心,乃又賊男女之性。」素女是一專多能之神女。

時間過得真快,又過去了二十八年,黃帝以順應天道的方法,使天下從大亂達大治。君臣上下貴賤皆從法,局勢十分安定,人民安居樂業,就像華胥之國這個世外桃源那樣。

黃帝曾到縉雲堂修煉。縉雲在今浙江。他又派人開採首山的銅礦,在荊山下鑄造了一隻銅鼎,以之作為戰勝蚩尤永恆的紀念。荊山在今河南靈寶縣南。

鼎鑄成的當天,就有一條龍垂長須飄來迎接黃帝升上仙境。說時遲,那時快,黃帝當即騎上龍身。黃帝的群臣們不忍他離開,急忙抓住龍鬚爬上去,想跟隨他而去。但龍鬚卻被扯斷了,群臣們都摔下地上,黃帝的弓也掛在龍鬚上,一同掉到地上。群臣們共同望著升騰遠去的黃帝,悲慟萬分地哭泣著。群臣自此耳無再聞,目無再見,其情亦足以喪天下。

岐伯是黃帝時醫家,被尊為「天師」。《黃帝內經素問集注》:「天

師，尊稱岐伯也。」《黃帝內經》係託名他與黃帝討論醫學問題，以問答形式寫成的。後世稱中醫學為「岐黃之術」，即源於此。

由上可見，黃帝時代醫學已經出現，為廣大生靈紓解疾病困苦，也為傳統中醫學的發展奠定了望聞問切的初步基礎。

史稱當時的黎民百姓「甘其食，美其服，樂其俗，安其居」。宇內清平，呈現一派昇平的新氣象，乾坤定矣，鐘鼓樂之，自此，中華民族走向文明開化之路。

黃帝一生戎馬倥傯，東征西討，披荊斬棘，開山鑿岩，從未有過群花圍繞、玉軟香溫的生活。他的足跡幾乎走遍中華大地的山山水水。向東抵大海濱，登上丸山和泰山東；西達崆峒，登上雞頭山；南至長江，登上熊山和湘山；北征葷粥，即「犾」，秦謂匈奴族。會集諸侯合符於釜山。他居無定所，往來多遷移。他臨時營地的四周，就布置軍隊，構成一道護衛的屏障。

黃帝為姬姓部族的生祖，軒轅為圖騰的名稱，黃帝名為軒轅，所居之丘為軒轅之丘，即崑崙之丘。崑崙就是圓的意思，它的化身為雲，所以郯子說：「黃帝氏為雲紀，故為雲師而雲名。」圓圖騰團祭祀的樂舞，叫做雲門大卷。云是圓圖騰所發的元氣，居於崑崙的黃帝，治理的就是這以云為紀，以崑崙為聖山，居於大地的中央，同時也稱為軒轅氏的偉大帝國。故他的軍隊稱為雲師。

又由於黃帝受命有雲瑞，故以雲紀事，百官師長皆以云為名號。雲師也即百官。

龍髯，據《史記‧封禪書》：「黃帝採首山銅，鑄鼎於荊山下。鼎既成，有龍垂鬍髯下迎黃帝。黃帝上騎，群臣後宮從者七十餘人，龍乃上去。餘小臣不得上，乃悉持龍髯，龍髯拔，墮，墮黃帝之弓。百姓仰望黃帝既上天，乃抱其弓與鬍髯號（哭），故後世因名其曰鼎湖，其弓曰烏號。」後因以鼎湖為皇帝死亡之典。

烏號，因黃帝鑄鼎於荊山湖，得道而仙，乘龍而去，其臣授弓射龍，欲下黃帝，不能也。烏，於也；號，呼也。於是眾臣抱弓而號，因名其弓為烏號之弓也。

據說後來的龍鬚草就是被拔斷的那些龍鬚變成的。

黃帝享年 110 歲，可謂大壽星了，享國（在位）100 年。死後葬於橋山，即今陝西黃陵縣內的橋山，今天的黃帝陵和黃帝廟，就是當時人們所謂的陵寢和廟宇。黃陵又稱橋陵。今陵相傳創自漢代，歷代均有修葺。橋山巔為黃帝陵墓和祭亭，陵前有漢武帝祈仙臺。黃帝陵今有古柏 6 萬株，最大的一株高 58 尺，樹下圍 31 尺，七人合抱有餘，相傳原為黃帝親手所植，為千年古木、神樹。山下的軒轅廟，大殿絢麗壯觀，周圍古柏參天，蒼勁挺拔。黃帝陵前建有高大的陵碑。黃帝廟現存 53 塊石碑，多為歷代御製祝文。廟內的黃帝像顯示出一位偉大的原始部落的英雄。黃帝最初的形象極其怪異而神秘。據說，他最初的神職是主司雷雨，能呼風喚雨，他長有四張臉，可以同時洞察四周。

還有一種說法認為，橋山與黃陵在我國有多處，黃陵又是山名。在湖南湘陰縣北濱洞庭洞。一名湘山，湘水由此入湖。傳說舜二妃墓

亦在其上。有黃陵亭、黃陵廟。《水經注・湘水》：「湖水西流逕二妃廟南，世謂之黃陵廟也。言大舜之陟方也，二妃從征，溺於湘江。……故民為立祠於水側焉。」

帝王之歿曰陟，即昇天。「方」乃死者。故釋陟為死地。

黃帝陵的另一說在橋山，即在今陝西黃陵縣西北。有沮水穿山而過，山呈橋形，因以為名。也稱子午山，相傳上有黃帝墓。《史記・五帝紀》：「黃帝崩，葬橋山。」《正義》引《括地志》：「黃帝陵在寧州羅川縣東八十里子午山。」

人們通常所說的橋山黃帝陵，是今陝西省黃陵縣格裏山的軒轅黃帝陵。廟內的黃帝像，頭戴冕旒，身穿袍服，雍容華貴，所謂鐵中錚錚、傭中佼佼者也，儼然一後世帝王，為千古一帝。被中華民族奉為「人文初祖」。

每年的陽曆 4 月 3 日，不便親臨黃陵祭拜的華人，都舉行遙祭。莊嚴隆重的典禮，凸顯對「慎終追遠」、「民德歸厚」、「源遠流長」等傳統文化的重大意義的重視。有的地方定這天為「民族掃墓節」，悼念這位為中華民族留下了極其豐富的精神文明和物質文明的中國古史傳說時代的英雄。

黃帝的後裔，有關版本各載不一。據大戴禮帝繫姓、世本帝系，以及國語中晉語司空季子所言的世系均各異。國語晉語言黃帝有四妃，共二十五子，其中僅有方雷氏之子青陽（羊），彤魚氏之子夷鼓(蒼林)與黃帝同姓，為姬姓族屬。

彤魚，國名，己姓。相傳為黃帝次妃的彤魚氏女，生子夷鼓。

其它同父異母的各兄弟均為異姓。這是原始社會一夫多妻家族，混合父系氏、母系制的社會，才有父子、兄弟異姓的現象。黃帝二十五子中，僅有十四子有後嗣傳宗接代，分衍為十二姓，其它兒子均無嗣。元配嫘祖所產的一系有玄囂。《史記·五帝紀》：「（嫘祖）生二子，其後皆有天下：其一曰玄囂，是為青陽，青陽降居江水（長江）。其二曰昌意，降居若水（含雅礱江、金沙江）。」木支（分支）百世，蔚為大宗，支撐家門，光宗耀祖。

嫘祖生昌意，而有顓頊。昌意娶蜀山氏女昌僕，生高陽。黃帝死後，其孫高陽即位，是為顓頊帝，為「五帝」之一。

黃帝二十五子中，有十四人獲得姓氏。共有十二個家族。黃帝的部族稱「有窮氏」，所有部族的成員都稱為「有窮氏」。

關於黃帝的後裔，《山海經》載有三條資料：

（1）有儋耳之國，任姓，禺號虎子，食穀北海之渚中。有神，人面鳥身，珥兩黃蛇，踐兩赤蛇，名曰禺彊。（《山海經·大荒北經》）

儋耳是古代北方國名。非指今海南省儋州市，古亦稱儋耳。

珥是耳飾，即貫耳。「珥兩黃蛇」即以蛇貫耳。

禺彊是海神或天神。《山海經·海外北經》：「北方禺彊，人面鳥身，珥兩青蛇，踐兩青蛇。」

任姓為黃帝異姓子之一。異姓十一子依次為：酉、祁、己、滕、任、滕、荀、僖、姞、儇、依，儋耳國為黃帝的遠裔，即遠代子孫。

（2）黃帝生苗龍，苗龍生融吾，融吾生弄明，弄明生白犬，有牝牡（pìn mǔ），是為犬戎，肉食。（《山海經・大荒北經》）

白犬有牝牡，牡是禽獸的雄性，牝是雌性。

犬戎，我國古民族的一支，在殷、周時居於我國西部；肉食指肉類食品。

白犬部族屬於一部族中分成兩部制的現象，均以犬為圖騰。

（3）有北狄之國，黃帝之孫曰始均，始均生北狄。（《山海經・大荒西經》）

北狄是古代北方少數民族的總稱，也作「翟」。

始均約屬於堯時人，仕於堯。「嘗逐女魃於弱水之北」，指今陝西洛水上游某一支流。堯命為田祖。傳北魏之祖拓跋毛為其裔孫。

這一支族未知係出何姓，北狄屬犬部，即狄的左偏旁為「犬」。黃帝異姓之子均遠居於邊陲地區，故繁衍了諸如儋耳、犬戎、北狄等邊疆少數民族。

此外，《海內經》尚記有「黃帝生駱明，駱明生白馬，白馬是為鯀」。

鯀相傳為禹之父，顓頊子。封崇伯，因居於崇。堯時由四嶽舉

之，奉命治水。以土壤堵塞之法，九年治水無功。被舜殺於羽山。一說鯀死後化為黃熊，為四凶之一。

四凶是指古代四個凶人，指不服從舜控制的四個部族首領，即渾敦、窮奇、檮杌、饕餮，皆被舜流放。《書·舜典》：「流共工於幽州，放驩兜於崇山，竄三苗於三危，殛鯀於羽山，四罪而天下咸服。」但與《左傳》不同，有人認為窮奇為共工，渾敦為驩兜，饕餮為三苗，檮杌為鯀。

四嶽相傳為唐、堯臣，羲和的四子。分管四方的諸侯，所以叫四嶽。但宋孔平仲、明楊慎都認為四嶽為一人。

駱明未詳出於何係。鯀禹一支系是黃帝子孫卻無疑。帝系說昌陽（意）出顓頊之子，可能各名各異。

海上保護神媽祖

　　媽祖原名林默，正式尊號為「天上聖母」。臺灣的媽祖廟林立，約四百座，為全國之冠，僅次於觀音菩薩。

　　媽祖又稱溫靈媽、湄州媽、銀同媽等，多稱其實一體，專指一人。宋徽宗封她為「夫人」，元世祖忽必烈封她為「天妃」，明太祖朱元璋封她為「聖妃」，清聖祖康熙封她為「天后」，經歷朝歷代的誥封，即帝王的封贈命令，截至清代嘉慶年間，合併加封為「護國庇民妙靈照應宏仁普濟福祐群生誠感咸孚顯神讚助垂慈篤天祐後之神」，其帝王所封的稱號冠冕堂皇，非常體面，為歷代后妃之冠，是絕無僅有的。她備受人們的尊崇與仰賴，更倍於天地諸神，亦空前絕後。

　　林默，祖籍福建省莆田湄州嶼。早在唐朝時，遠祖曾任州刺史，祖上歷代高官，因五代時兵荒馬亂，又兵連禍結，其曾祖父就棄官歸隱到湄州嶼來，自此落籍福建東部沿海的莆田縣。其祖父承襲世勳，做過福建總督，政績卓著，政聲遠揚。晚年辭官還梓，優遊卒歲，隱居而壽終正寢。其父林願為人敦厚以崇禮，敦率遺典，樂善好施，人們均尊稱為「林善人」。林善人已有一男五女，兒孫繞膝。由於男孩先天不足，身體羸弱，因此夫妻倆期盼再生一個男孩，以支撐家門。為此，朝朝暮暮對觀音菩薩祭告焚香，虔誠地頂禮膜拜。年復一年，又過了好幾年。顯德六年（959 年）六月十五日，夫妻倆又齋戒沐

浴，齋供充盈，再設案虔誠地禱告。這下奇跡出現了，當夜便進入夢鄉，夢見觀音顯靈，告訴他們：「你們林家世代行善積德，行道義聞於鄉里，上天將會保祐你們。」

觀音說完，又拿出一顆藥丸，給他的妻子，並且告訴她：「吞下藥丸，你即將如願以償。所生貴人，將會普度眾生。」

王氏依言吞下藥丸，夢斷之後，似乎有所感應。

感應是佛教謂眾生以其精誠感動神明，而神明應之，必有祥瑞。

王氏不久便身懷六甲。十月懷胎，一朝分娩，於次年三月二十三日傍晚，夜幕降臨之時，忽見一道紅光自西北方射入王氏家中，五色斑駁，光輝奪目，異香盈室。王氏立刻臨盆，誰也始料不及，這又是一個女嬰，且一聲不響地來到人間。夫妻倆大眼看小眼，大失所望，又大惑不解。但由於這是天降祥瑞以應人願，依然倍加疼愛。

俗話說嬰兒呱呱而泣墜地，早已認其一生。奇怪的是，這個嬰兒悄悄來到人間，甚至到了一周月也從未哭過一聲。因此，林善人便命其名為林默。即默默無聞，無聲無息。

林默長到一周歲之時，每見諸神像，即雙手合十作叩拜狀，5歲能誦《觀音經》，11歲能跳悅神舞，似乎與神靈結下不解之緣。長大後，「通悟秘法，預知休咎」，為人治病，亦多為「手到病除」。

默娘早慧，聰明過人，才7歲就說：「我既然有『默』為名，應該有『靜』的心。」

她喜歡在窗明几淨的堂中獨處。8 歲入私塾，常常過目成誦，智商極高，悟性極深。10 歲時已知焚香禮佛，朝夕誦經。13 歲時出落得亭亭玉立，雍容華貴且嫻雅。她不但學識淵博，識見精深，同時極盡孝道以親父母，敬愛兄姊，申之以孝悌之義。

　　有一年，有位道士叫玄通的到她家教化眾生，講因緣來而入世、緣盡而去的道理。默娘款待賓客極盡敬意，以禮相待。老道士深為感動，就對她微笑地說：「你天生極有慧根，應以慈悲為懷，超度世人。」並給她傳授「玄微祕法」。默娘均一一謹記於心。

　　默娘未曾離開過家門一步，在宋太祖開寶四年（971 年）的一個深秋午後，林默突然蹤影消失，家人焦急萬分，全家分頭四方，遍尋亦無蹤影。人人急得像熱鍋上的螞蟻，鄰人均以為個中必有可疑。於是親朋故舊、左鄰右舍的人，均幫忙分頭找路，都是踏破鐵鞋無覓處。最終總算是從一位漁翁的口中獲得了一點線索。據說曾有一位鶴髮童顏、飄然有出世之姿的老年人，劃著一葉扁舟自天際來，接引一位豆蔻年華少女登舟而去。煙波浩瀚，天連水，水連天，一片白茫茫，悠悠地飄搖而去，爾後蹤影全無。

　　尋尋覓覓，家人百感淒惻。日與月與，荏苒代謝，轉瞬已經過去了三年，後有海客又看見一位鶴髮童年的老者，駕一葉扁舟，浮於江湖，乘長風、破萬里浪而來。舟中載著一位妍媚、端莊、雅致的青春少女，款款步舍舟登陸，一時間鄉里便風聞：「林家麼女失蹤三年，竟然又好端端地回來了。」這正是人間奇跡，得來全不費工夫。人們更感到離奇。

林默到底去過何方，連自己都說不清、道不盡，只記得曾跟隨一位老者乘一葉扁舟駛入一處海中仙島，怪石嶙峋，且林立峻峭，石泉淙淙若風雨，桂花松子常滿地，參天古木二千尺，鳥語鶯花，一派春光明媚。林默朝夕洗耳恭聽老者談玄說道，且容貌整麗地談言微中，委婉而切中事理，又悉心傳授驅邪之法、氣象之學、吐納之術、岐黃之理。

驅邪即趕走鬼神給予人的妖異怪誕的災禍。吐納即呼吸。呼吸吐納，服食養身，使形神相親，表裏俱濟，是為吐納之術。岐黃是指岐伯及黃帝，相傳為醫學之祖，後以「岐黃」為中醫學術的代稱；氣象指自然界的景色、現象。《梁書·徐勉傳·答客喻》：「僕聞古往今來，理運之常數；春榮秋落，氣象之定期。」

林默耳濡目染，不學已能。不特精通翰墨，兼善女紅，更能驅邪降妖，尤精岐黃之術，治病救人；又能上觀天文，下察地理，儘管天有不測之風雲，亦能預知其莫測之變化，實著是天仙化人，神佛在世。她為鄉親驅魔鎮妖，療治疑難雜症，每每著手成春，使枯木再發，使個個病離身，人人身離病。靈驗無比，一時聲名雀起，傳揚大江南北。

這位見人之所不見，知人之所不知，來去無方的神明少女，又有哪個善男斗膽敢來攀親結貴呢？！

日月逝兮，歲不我與！不覺林默標梅已過，仍宮居閨處獨自歎守空房。好在她事雙親至孝，依然菽水承歡。儘管長兄與三位姐姐已有家室，她仍淡定於個人的終身歸宿問題。

標梅即梅花墜落。《詩·召南·摽有梅》:「摽有摽梅,言梅熟而落。比喻女子已到結婚年齡。」

菽水即豆和水。指粗茶淡飯,形容生活清苦,無以為養。

林默的長兄在海上經商,長年累月往來於驚濤駭浪之中。一天,她與其母正在安寢,很快便進入夢鄉。她夢見狂風暴雨正從海上驟起,她緊閉雙目,手足突然失去了自控力,便厲聲直呼,亂動起來。母親連忙將她推醒,誤以為她正在做噩夢。

惡夢,《周禮·春官·占夢》:「占六夢之吉凶,一曰正夢,二曰噩夢。」又注:「本子春云:『噩當為驚愕之愕,謂驚愕而夢。』」後稱兇惡可怖的不祥之夢為噩夢。

林默醒過來之時,十分抱怨地說:「為什麼不讓我保全兄長呢?」「我兩手兩腳拉住了船舷,本來沒事,您一喊,就被風刮掉了。」說時遲,那時快,於是慟哭起來。「大哥的性命難保了!」過了三天,由於船隻的桅杆折斷,船隻翻覆,乘客也載浮載沉地漂流在海上,年輕力壯者拼命向著岸邊擊水游去,出盡九牛二虎之力,最終撿回一條性命,成為大難不死的幸運兒。可憐的是身力羸弱、手無縛雞之力的長兄,竟然葬身魚腹。

災難發生在宋太宗太平興國六年(981年)仲春之際,船隻朝發福州可暮達湄州,因途經興化灣外海,突然風浪大作,一霎間將船隻捲入漩渦中。林默正在夢見其兄在驚濤駭浪中掙扎著,呼號著。正當此時,林默受驚而夢斷。後從覆舟的倖存者口中證實林默的長兄遇難

的噩耗。林母神魂顛倒，頓足且悲痛欲絕。林默更是淚涕縱橫，猶如萬箭穿心，萬念俱灰。 這時，全家才恍然大悟，林默不是做噩夢，而是在營救兄長。林母更是後悔莫及，沮喪不已。此事不脛而走，不翼而飛，越傳越神奇莫測。林默也因之名聲大震，被認為是神明。

自此，林默亦聲言不嫁人，做一個終身快樂的單身漢。她經常乘船渡海，雲遊於島嶼之間，行蹤無定。憑著一身好水性，隨勢而流，又加上一顆善意的同情心，與驚濤駭浪相搏，多次營救遇難的船民，讓人擊節稱頌，美其名曰龍女、神女。

宋徽宗宣和五年（1123 年），給事中路允迪奉旨出使高麗，曾率領大船八艘航行於渤海中。頃刻間濁浪滔天，狂風肆虐，一下子刮沉七艘大船。路允迪驚悸不安，十萬火急地跪下閉目祈禱：「神女下凡，保我平安！」便立即見了一位紅衣神女站立在船舷上。依仗著神女的保祐，路允迪果然有驚無險，有險不成災，平安無事地抵達高麗，不辱使命。宋徽宗得悉之後，親賜林默神祠匾額一具，上書「順濟」二字。

隨著時間的推移，有關神女的預言，人們都說靈驗得很，人人信服。她曾幫助漁民嚴懲海盜，幫助宋軍抗擊金兵，為民驅除患難，消弭天災疾疫等災難。她能澄清海水，最終覓到兄長的屍體。傳說她 18 歲那年，奮不顧身地與死神搏鬥，將遭遇海難的父親營救回來。另一版本說她一再鼓起勇氣，咬緊牙關，終成瀝血剖肝的「硬漢」，昂首奮力在海中尋尋覓覓，終於發現了乃父的屍體。她不顧自己疲憊不堪的身體，出盡九牛二虎之力，希望將其帶回岸邊。

過了三天之後，湄州島的海濱才漂來了林默與其父的屍體，林父已亡命多時，林默也已力竭氣絕而亡。這正是「黃泉路上無老少」。

另有一種版本言及，宋太宗雍熙四年（987年），九月初八那一天，她對家人說：「明天是九九重陽節，我想去登高臨遠，故先來道別。」

家人也當做平常事，並不介意。次日天高雲淡，萬里晴空，秋高氣爽。默娘亦黎明即起，梳洗一番之後，又「當窗理雲鬢，對鏡貼花黃」。盛裝嚴飾之後，便告辭而去。她的一個姐姐也想與之一道去，卻被婉言相拒。她卑辭屈禮相別，仍依依不捨，其行遲遲，其意好相離別。始料不及的是說時遲，那時快，默娘一登上湄峰，便如履平地，不費吹灰之力地躍上雲端，天際立時傳來仙樂悠揚，笙歌嘹亮之聲。「頓時洞天石扉，訇然中開……霓為衣兮風為馬，雲之君兮紛紛而來下，虎鼓瑟兮鸞回車，仙之人兮列如麻。」在仙童玉女的簇擁下，林默娘飄飄昇天而去。

林默昇天的熱鬧場面，正像李白在《夢遊天姥吟留別》中所夢見的仙境那樣：神仙洞府的石門訇的一聲忽然敞開……彩霞是神仙們的衣衫，長風是他們的駿馬。雲中君帶領著眾仙，紛紛從天空中下來。老虎彈瑟，鸞鳳架車，迎接「我」的神仙排列得密密麻麻。

對於林默的死儘管有不同的版本，眾說紛紜，莫衷一是，但應為在海上救險，實被強風惡流肆虐而卷去。人們都不承認她的罹難，認為她孝行感人，功德圓滿。她的賢孝，她的貞節，她的醫術，她的道行及其具備的才能氣概，都讓天下的人無比地懷念。尤其是她雲英未

嫁，英年早逝，更留給人們無限的惋惜與懷念，所以世人不願目睹她以死去的悲劇收場，而賦以她得道昇天的喜劇作為圓滿無比的結局。在她的靈前獻上一道耀眼的光環，這樣才使人們從心裏獲得快慰和滿足。

雲英是人名。此處有幾說：①唐鍾陵妓。羅隱《甲乙集》八《偶題》詩：「鍾陵辭別十餘春，重見雲英掌上身。我未成名君未嫁，可能俱是不如人。」②唐裴鉶《傳奇》敘唐長慶間秀才裴航落第，途經藍橋驛，渴甚，有女雲英以水漿飲之，甘如玉液。雲英絕美，航欲娶以為婦，因遍訪得玉杵臼為聘。既婚，夫婦相偕入山仙去。（《太平廣記》五十）明人龍膺作《藍橋記》傳奇，即以此故事為題材；又楊之烱合航與崔護事作《玉杵記》。

林默死後，並非人走茶涼，神跡仍經常顯現，趕走瘟神，救護黎民。據傳，她曾竭盡全力，遏阻過流行的急性傳染病，阻止了敵人的瘋狂進襲，使綿綿霪雨（久雨）變為風止雨霽（雨雪止，雲霧散），雲無處所。她能使天普降甘霖以清除旱情，讓病體十分輕鬆，而使半夜的更火焚燒賊人的巢穴。大凡漁民往來於海上，一旦遭到強風暴雨襲擊，只要虔誠地祈求她的保祐，她必有求必應，使人化險為夷，轉危為安。

林默升天以後，時時顯靈，湄州有的人常看見一位身披紅衣的女神飛行於海上，營救行船遇難的人。家鄉父老對其大恩大德感念不已，特地建廟祀奉，俗稱海神廟。

人們尊林默為「通賢靈女」。一般人為了表示親切，乾脆稱她為

媽祖，這是奶奶、娘娘之意。

　　媽祖顯聖的靈蹟極多，歷朝歷代皆有傳聞，不絕如縷。因此歷朝歷代對媽祖信賴的人也接踵而至，越來越多。隨著航海事業的不斷發達，對媽祖信仰的地區亦越來越廣，祭祀媽祖的香火亦不絕。自宋代至清代帝王的褒獎，歷八百年間，對林默神靈的冊封達四十之多，如輔國護聖、護國庇民、靈惠助順、妙靈昭應、宏仁普濟、昭靈顯祐、廣濟明著、靈惠夫人、天妃、聖妃、水仙聖母、天上聖母、媽祖等。由民間祭祀而逐漸晉級為國家祭典，隆重無比。為了感念其恩德卓著，恩惠無邊，澤及萬民，人們特地建廟供奉，沿江河碼頭天后宮、天妃宮紛紛興建。沿海到處奉祀，哪裏有福建商賈的足跡，天妃信仰也就到哪地，鴻名就到哪裏。福建商幫的會館名為「天后宮」。以天津市舊城東北角的天后宮（又名天妃宮、娘娘宮）名聲最盛，為元建築；福建泉州市南門的天妃宮，為宋建築。天津娘娘宮大殿正中供奉著天后聖母。天后是一個方面大臉龐、頭戴鳳冠、身著紅袍的貴婦人像。

　　鳳冠是古代婦人所戴的有鳳飾的禮冠。漢制唯太皇太后、皇太后、皇后入廟行禮，其冠飾有鳳凰。其制歷代多有變革。明代九品以上命婦皆用鳳冠，平民嫁女亦得假用九品服，其後鳳冠霞帔遂成為嫡妻的例服，相沿至清末。

　　霞帔是命婦的禮服。類似披肩，因紋有霞彩，故名。

　　天后左右侍立著眾多娘娘，其中有送子的千子娘娘、百子娘娘、子孫娘娘等。天妃成了送子護子諸神的主神。此外，尚有治眼的眼光

娘娘，治疹子的斑子娘娘，治耳疾的耳光娘娘，等等。

朝天宮又名媽祖廟。清康熙三十三年（1694 年）建，在今臺灣嘉義市北，為佛教著名寺院之一，香火最盛。祭的是「北港媽祖」，民間所謂「北港媽祖、鯤身王爺」是家喻戶曉婦孺皆知的。每年黃曆正月至三月的進香期間，都有幾十萬信徒組團湧向北港朝拜。

接著，天妃信仰傳至香港、澳門。澳門語「先有媽閣，後有澳門」。媽祖廟又稱媽閣廟、天后廟，簡稱媽閣。澳門西南端的媽閣街，始建於明弘治元年（1488 年），有弘仁殿、大殿、石殿和觀音閣等主要建築。石殿建於萬曆年間（1573-1620 年）。傳說當年有一福建商人在澳門附近海上遇難，危急中見一女神站立山崖營救。事後人們在此建石殿，並在殿前巨石上刻「利涉大川」四字以示紀念，此為澳門最悠久的歷史古剎。

利涉即順利渡河。《易·需》：「利涉大川，往有功也。」《北史·魏記》一：「冰革相結若浮橋，眾軍利涉。」後有人稱舟為利涉。

奉祀媽祖之廟稱為媽祖廟或天后宮，以莆田湄州島媽祖廟為祖廟。天津天后宮、臺灣北港媽祖廟為媽祖分靈后的地區性祖廟，每年黃曆三月二十三日為媽祖誕辰日。

再說澳門，自古稱蠔鏡、濠鏡、濠鏡澳，別稱濠江、鏡湖等，簡稱澳。在珠江口西岸，面積 275 平方公里。媽祖廟建立之時在明成化年間，距今已有約 530 年。當時的澳門是一個荒漠、冷落、寂寥阻絕之區，漁民在此休息，補網、曬網、祭神。澳門的英文名是

「MACAO」，這是「媽閣」的音譯。「媽閣」就是澳門的前身。西人沿居民舊稱曰「媽港」。澳門港灣當時便於船隻停泊。

至於香港，在珠江東側，包括香港島和九龍半島兩部分，舊稱紅香爐山，屬新安縣（今寶安縣）。《新安縣志》載有赤柱山、紅香爐營汛、黃泥湧、薄鳧林、香港村等名，皆為島中局部地方之稱，後以香港作全島之稱，即由香港村而來，故址即今島南之香港圍。又因地產沉香，並因此而得名，又稱香江、香海。面積 1104 平方公里。

以前香港也是船民停泊曬網、補網、祭神之海島，原名紅香爐。據說很久以前不明不白地從海上漂流來一個紅香爐，剛好泊在天后廟前，居民以為是天后顯靈，便將紅香爐供奉起來，這裏才被稱為「紅香爐」，簡稱「紅港」、「香港」，英文名音譯為「Hong Kong」。香港的天妃廟很多，最深受港人愛戴的是「娘媽的女神」。北宋時就在九龍佛堂建天后宮，傳為福建行商林長勝捐資興建。之後數百年間，該廟一直由林氏後人管理，並自負一切管理費用，直到 20 世紀 30 年代才交當地政府接管。九龍天后宮內設有一張龍床。龍床本是皇帝所用之床，民間迷信睡龍床必生龍子，故每逢黃曆三月二十三神誕日，新婚後尚未生男的信女們，便來此廟虔誠地禱告娘娘，早生龍子。要是求子心切，就給廟祝一點財物，以手觸摸一下龍床，就得到「早生貴子」的福願，讓這些信女信男心裏得到快慰和滿足。此所謂「神靈廟祝肥」。廟祝就是廟中管香火的人。

臺灣簡稱臺，戰國時稱島夷，兩漢和三國時稱東鯷、夷洲，隋唐以來稱流求，是中國第一大島，陸地面積約 36 萬平方公里。居民大

多從福建渡海而去，信奉天妃之俗也隨之而到臺灣。據說宋太宗雍熙四年（987 年）林默升化時，是從福建湄州渡海至臺灣的。人們便大興土木，紛紛建立了廟宇祭祀，當時稱為媽祖廟或朝天宮，後來總共建有天妃宮、媽祖廟約 600 座，可謂廟宇林立。北港鎮的朝天宮，香火最盛，每年前來進香的人就有上百萬。人們都以為媽祖在臺灣極其靈驗，如果在航海時遭遇風險，只要高呼「媽祖」，則立現海神披髮趕來。要是呼「天妃」，海神必冠、袍俱備而來，這可能會拖延時間。所以人們在十萬火急時都脫口而出喊「媽祖」。「媽祖」經常掛在人們嘴上，毫不吝嗇地拋出去。

隨著航海業的不斷發展，華人的足跡也遍及全球。明永樂年間，三保太監鄭和七次下西洋，天妃廟在南洋各地即如雨後春筍般湧現，遍及印尼、菲律賓、新加坡、馬來西亞、泰國、老撾、越南、柬埔寨等。香火鼎盛，進香的人絡繹不絕。到了清代，又先後傳到韓國、日本，天后廟建得富麗堂皇。根據各處人文及地域的不同，天后宮也有各異的風格。日本九州西岸港市長崎有興福寺、浦上天主堂、媽祖寺之座等古蹟，日本人稱為「唐之寺」。盛傳這是中國海上的保護神，當時人稱能玄靈女，屢顯神異，多現身海上平息風濤，護祐船舶。每逢天后誕辰香火甚盛，船民出海前常往祈禱。今海外華僑聚居地亦多有廟奉祀。

天津的娘娘宮廟享譽全球，清乾隆皇帝曾褒揚有加，賞了會旗，使娘娘會成了「皇會」。人山人海，盛況空前。

二　血濃於水

大陸與臺灣始終心連心

■ 大陸臺灣從來沒有斷地脈

　　《尚書‧夏書》中的《禹貢》中所謂的島夷，後來《漢書‧地理志》所稱的「東鯷」，都與臺灣有關。《後漢書‧東夷傳》、《三國志‧吳志‧孫權傳》所稱的「夷州」即今臺灣。

　　《隋書‧流求傳》稱為「流求」，並具體記載了中國大陸和臺灣地區的聯繫。南宋時澎湖屬福建泉州，移居臺灣地區的漢族居民顯著增多。元至元二十九年（1292 年）設澎湖巡檢司，管轄澎湖、臺灣。臺南的一個主要海灣原名「大灣」，後來被擴大指全島，在明萬曆年間又諧音為「臺灣」，開始叫「臺灣」這個名稱。而葡萄牙航海者在通過臺灣海峽時，見島上風光旖旎，因不明島的名稱，曾稱呼它為「福摩薩」（Fomosa，意為美麗），因此引起了西方的注意。

　　1624 年，臺灣開始被荷蘭人侵佔，到 17 世紀中期，島上還沒有形成城市聚落。1652 年，赤崁一帶漢族居民起義反抗荷蘭侵略者，

犧牲了數千人。1662 年，鄭成功在島上居民的支持下收復臺灣，設東都承天府和天興、萬年兩縣，大規模地開墾土地，臺、澎口岸才逐漸成為中國對外貿易的主要轉運站。清康熙二十三年（1684 年）改為臺灣府，屬福建省臺灣廈門道。光緒十一年（1885 年）建臺灣省。甲午戰爭中，清軍戰敗，於 1895 年 4 月 17 日被迫割讓臺灣、澎湖等島給日本。第二次世界大戰後，中國成為戰勝國之一，1945 年 10 月 25 日，日本歸還臺灣、澎湖等島，臺灣仍為中國的一個省。全島面積 35700 平方公里，是中國第一大島。

由史觀之，早在三國時吳開國皇帝孫權（字仲謀）不但與劉備合力破曹操於赤壁，從此西聯蜀漢，北抗曹魏，形成三分天下的鼎立局面，而且依據江東的地勢，派遣將軍衛溫、諸葛直率水軍東渡，抵達「夷洲」。這是中國大陸王朝首次與臺灣的聯繫，可見孫權極其重視對海上的經營。

夷洲，即今臺灣。三國吳黃龍二年（230 年），衛溫、諸葛直曾率甲士萬人至此。隋以後又稱流求。

孫吳此役歷時經年，水軍多染惡疾，生者十僅存一。由於駐紮夷洲的時間有一年，吳人對當地的風俗民情、氣候以及山川的地理情況有較為深刻而全面的瞭解。

沈瑩是三國吳人，官至丹陽太守。沈瑩不僅是一個赳赳武夫，同時在文辭上也有兩下子。所作《臨海水土志》一書記載：「夷洲在臨海東南，去郡二千里，土地無霜雪，草木不死，四面是山，眾山夷所居。」

臨海郡，三國吳太平二年（257 年）置，治所即今浙江臨市，1986 年改臨海為市。

所記「夷洲去（距離）郡二千里」正與臺灣的方位相吻合。書中還記有夷洲的地形、地貌、氣候、天然物產及山夷居住、飲食等習俗。

山夷，即「夷洲土人」，三國時今臺灣南山族先人名稱。《臨海水土志》記有當時山夷仍使用石器和骨角器。男子從妻居，保留母系氏族社會遺俗。嗜酒、喜食醃製生魚肉，有　頭、穿耳、鑿齒、獵頭等習俗。衛溫、諸葛直率甲士萬餘人到夷洲（今臺灣）帶回山夷數千。

東漢、三國時稱今臺灣為「夷洲」，隋改稱流求，一直沿用到宋元時期。明稱小琉球，中葉後稱北港、東番、雞籠，明末始稱臺灣。隋多次派人至其地，大業六年（610 年）陳稜、張鎮周率兵萬餘自義安（治今廣東潮州市）泛海至琉求，即此。

據《隋書》記載，大業元年（605 年），海師（熟悉海上航路的人）何蠻上奏，每逢春秋二季，天清風靜，萬里無雲時，極目向東眺望，模模糊糊可辨煙霧之氣，亦未知相去幾千里遠。大業三年（607 年），煬帝命羽騎尉朱寬與何蠻入海尋訪異俗風情，因不懂當地語言，無法進行溝通，最後劫持一人而返航。

羽騎尉，武散官名。隋開皇中置，秩從九品下。

雄心憤發的煬帝次年再派朱寬前往招安，流求仍不歸順，朱寬無

奈取其布甲而歸。

煬帝因招安未就，決定訴諸武力使之降服，大業六年（610年），便派武賁郎陳稜、朝廷大夫張鎮周，率兵甲萬餘人，自義安郡出發，二日到高華嶼，又東行二日里程達䵟嶼，又行一日便抵流求。

義安郡，東晉義熙九年（413年）置，治所在海陽縣，隋開皇十年（590年）廢，大業初復改潮州置義安郡。在今廣東潮州市東北。

高華嶼，今臺灣西澎湖列島花嶼。

䵟嶼，即今奎壁嶼，在澎湖群島。

流求實指臺灣。

流求人初見船艦抵達，誤以為商旅到來進行商貿活動，因此紛紛湧至軍中進行貿易往來，可見大陸與流求在當時已有商務往來和商品交流。

陳稜率兵登陸後，要求當地酋長歡斯渴剌兜歸順，但遭到斷然拒絕。陳稜無奈，便「虜其男女數千人，載軍實而還」。

軍實，指器械、糧餉及作戰俘獲等軍事物資。

據唐魏徵等撰《隋書》中的《音樂》、《食貨》、《刑法》、《百官》、《地理》等紀傳體史與臺灣有關的內容，均與清人筆下的臺灣風土人情、青山綠水、自然地貌、社會風尚、地方風物大致相同。

唐人施肩吾《島夷行》一詩對漢人在臺灣地區的社會生活均有反

映。施肩吾是唐睦分水人，字希聖。憲宗元和（806-820 年）進士。後隱居洪州兩山，世稱「華陽真人」。為詩奇麗，有《西山集》。

《禹貢》：「島夷卉服，厥篚織具。」此「島夷」所指有數說。或指臺灣先民，即東鯷；或指琉球、呂宋等地；或指東南沿海越族，今舟山群島一帶。近人從臺灣說較多。

宋代明州鄞人樓鑰，孝宗隆興元年（1163 年）進士。曾以書狀官從汪大猷使金，歸撰《北行日錄》。官同知樞密院事，進參知政事。通貫經史，文辭精博。其《汪公行狀》記載，乾道七年（1171年）四月，汪大猷知泉州郡，「郡實瀕海，中有沙洲數萬畝，號平湖，忽為島夷號毗舍邪者奄至，盡刈所種」。

汪大猷是宋慶鄞縣人。高宗紹興十五年（1145 年）進士。歷官禮部員外郎。遷秘書少監，修五朝會要，曾出使金國，後為江西安撫使。

宋建寧府浦城人真德秀，一說原姓慎，避孝宗趙昚諱改。寧宗慶元五年（1199 年）進士，開禧元年（1205 年）中博學富士宏詞科，曾為禮部尚書，改翰林學士、知制誥。修《大行衍義》。有《真文忠公集》。他在《申樞秘院措置沿海事宜狀》言及澎湖：「朱字寨去法石七十里，初乾道間，毗舍耶國人，殺害居民，遂置寨於此，其地闊臨大海，直望東洋，一日一夜可至澎湖。」

法石山一名萬歲山，在今福建泉州市東南。

由此可知，《汪公行狀》所說的雲海中大洲「平湖」實是澎湖，

而非指福建連江縣東塘湖。宋李彌遜對後者有詩：「山繞平湖綠四邊。」

後來，宋人趙汝适在《諸蕃志》中記有：「泉有海島曰澎湖，隸晉江縣。」

趙汝适是宋宗室，寓居四明，科第進士。寧宗嘉定間，嘗知武義縣，歷任卿、監、郎官等職。累官至朝散大夫、提舉福建路市舶司，以見聞及來訪得海外諸國事蹟，著成《諸蕃志》。

有史籍記載澎湖「宋時編戶甚蕃」的史料，可見澎湖當時已有不少居民定居，政府也確定編制。居民主要從事糧食生產與棉花、煙草、甘蔗等經濟作物的種植。宋朝政府當時已注意武裝守衛，派兵把守，澎湖在行政區劃上隸屬於福建晉江縣直接管轄的範圍。

隋、唐、五代以降，中原人口曾多次向南遷徙，福建等地才得到開發，荒山、森林、水力等自然資源才得以利用。但由於山多地少，又多為瘦田，糧食產量不多，不能供給人口增長速度之需。

據史籍記載，唐天寶元年（742 年），福建王郡共 91 萬餘戶，人口 41 萬多。到南宋紹興三十二年（1162 年），只 420 年左右的時間，已達到 139 萬餘戶、2828 萬餘人，人口已增加近 6 倍。由於人稠地狹且貧瘠，故生活十分艱難困苦，正如方勺在《泊宅編》中所記：「一閩地狹瘠，而水源淺遠，其人雖為勤儉，而所以為生之具，此處終無有甚富者。」

方勺是宋婺州金華人，寓居島程，字仁聲，號泊宅翁。哲宗元祐

五年（1090 年）應試不舉，遂無仕進意。與蘇軾、蘇頌、朱服、葉夢得、洪興祖等遊，對時事、人物軼事多所見聞。著有《清溪寇軌》、《泊宅編》。

《泊宅編》，筆記。記載北宋中後期至南宋初年朝野遺事。所記方臘起義始末，頗為詳細，有較高的史料價值。後人曾抽出單行，題作《清溪寇軌》，有今人校點本。

連年烽火連天，雞犬不寧，這使部分民眾離鄉別井，逃至臺澎。沈文開的《雜記》中言及：「宋時零丁洋之敗，遁亡至此者，聚眾以居。」

零丁洋亦作伶仃洋，在廣東省珠江口外內伶仃島和外伶仃島之間。萬山群島橫亙外口，為天然屏障。南宋末文天祥被元兵所執，至此，為作《過零丁洋》詩，有「人生自古誰無死，留取丹心照汗青」之名句。鴉片戰爭前，英、美侵略者的鴉片販子，曾用躉船和快艇強佔伶仃洋洋面和伶仃島，對中國進行大量的鴉片走私。

據《噶瑪蘭志略》記載：「宋零丁洋之敗，有航海者至此。」

噶瑪蘭亦作「蛤仔難」、「甲子蘭」。舊地區名，即今臺灣東北部的地區宜蘭平原。本為蛤仔難族聚居處，三面負山，東臨海，平原萬頃。

清嘉慶十六年（1811 年）置噶瑪蘭為廳，治五圍（今臺灣宜蘭）。1875 年改置宜蘭縣。

清嘉慶元年（1796 年），福建泉州人吳沙率漳州、泉州及廣東人民在此開墾荒地。但早在南宋時，就有不少大陸漢人到澎湖群島從事開墾種植與打撈和養殖水生動物的生產事業了。宋代大陸民眾遷徙臺灣的原因，一是隋、唐、五代以降，中原人口稠密、土地稀少而南遷；二是政治動亂，連年烽火；三是寺院經濟惡性膨脹，又大量佔據土地。

　　據明宋濂等撰紀傳體《元史》所載，至元二十八年（1291 年）冬十月，元世祖忽必烈曾派遣楊祥、吳志斗、阮鑒等一行，攜帶詔書，出使招諭流求。次年春夏之交，他們自澎湖出發，曾遇一個「山長而低者的地方」，派人離舟登陸察看，因語言障礙無法溝通，三人遂被殺，竟無功而還。

　　高興是元蔡州人，可力挽二石弓。曾為福建省右丞，改平章政事。元成宗元貞三年（1297 年）上奏章言及：今行省由福州徙治泉州，離流求很近，可隨時偵察消息，斟酌招降或討伐，不必調動他處兵力，願意就近一試。

　　同年九月，高興派遣張浩、張進赴流求，生摛 130 餘人而還。次年正月，又將所俘流求人釋放，要他們效順。

　　元末順帝年間，元南昌人汪大淵，於文宗至順帝至順元年間，隨商船出海，所經之地包括今菲律賓群島、印度支那半島、馬來半島、印尼群島、印度半島、阿拉伯半島及今坦尚尼亞之桑吉巴。所撰《島夷志略》，成書於順帝至正九年（1349 年），所記皆目擊見聞。

島夷即海島的居民，指古代我國東部近海一帶，如膠東、渤海灣、江蘇等地的居民。《書·禹貢》：「島夷卉服。」

《島夷志略》多記汪大淵所到之處的山川、地理、物產、風俗等見聞。上承宋趙汝适《諸蕃志》，下接明馬歡《瀛涯勝覽》、費信《星槎勝覽》，為我國記載古代中外交通的重要著作之一。書中所記「琉球」的特產有黃豆、黃臘、硫黃、沙金、黍子、豹、鹿、麂皮等。此外，尚有處州瓷器等，「海外諸國蓋由此始」。可見當時大陸與臺澎間已有貿易往來，交流物資的有無。大陸與各國的商舶經常過往臺灣。澎湖群島扼臺灣海峽交通要津，有「臺灣海峽之鍵」的稱號。該書尚記述「島分三十有六」，「泉人結茅為屋居之」，人多長壽，男女皆著布衣，地產胡麻、綠豆，山羊數萬成群。澎湖屬火山島，由玄武岩組成，環以珊瑚礁，地勢平坦，多大風，農業以旱作為主，居民多從事漁業。

澎湖是臺灣省開發最早的縣份。唐元和年間（806-820 年）開始有中國大陸移民定居，南宋（1127-1279 年）時澎湖屬福建省晉江縣。元二十三年至元三十一年（1286-1294 年）開始在澎湖設巡檢司，管理澎湖、臺灣，仍隸福建省。明天啟二年（1622 年）荷蘭攻澳門不下，敗竄澎湖，侵佔到 1624 年才被逐走。清光緒十一年（1885 年）法軍攻佔馬公港後，因主將故拔（S Courbet）病死澎湖，當年退出。甲午戰爭後日本又佔領澎湖（1895-1945 年）。

1945 年，日本投降後將澎湖與臺灣歸還中國。

總之，大陸和臺灣人民的交往日久天長。臺灣人民血管裏流的是

炎黃子孫的血液。血脈相通，血肉相連，血濃於水。

三 法國曾出價 1500 萬法郎買臺灣

　　甲午戰爭亦稱「中東戰役」、「中日甲午戰爭」，為 1894 至 1895 年發生的日本為奪占朝鮮和發動侵略中國的戰爭。清光緒二十年（1894 年，甲午年），趁朝鮮政府請求，清政府出兵協助鎮壓東學黨起義。日本立即出兵侵佔朝鮮，7 月下旬出兵突襲中國海陸軍。8 月 1 日，雙方正式宣戰。次年 2 月日軍攻佔威海衛軍港，清北洋艦隊覆沒。3 月，日軍侵佔牛莊、營口、田莊臺，控制了遼東半島。儘管中國人民和愛國官兵奮起英勇作戰，但因清政府腐敗無能，終遭失敗。清政府被迫簽訂關於結束甲午戰爭的不平等條約。光緒二十一年（1894 年）4 月 17 日，清政府議和全權大臣李鴻章及其子李經方，與日本首相伊藤博文和外相陸奧宗光，在日本馬關（即下關）春帆樓簽訂《馬關條約》，原名《馬關新約》，亦稱《春帆樓條約》、《中日馬關條約》。強迫中國割讓臺灣全島及所有附屬各島嶼、澎湖列島和遼東半島給日本。

　　1895 年 5 月，日本政府任命樺山資紀為臺灣首任總督，並設總督府於臺北。

　　樺山資紀是日本海軍將領，1871 年任陸軍大隊長。1874 年參加入侵中國臺灣，1884 年由陸軍少將轉為海軍少將，授子爵。次年晉海軍中將。1890 年出任海軍大臣，積極主張發動侵華戰爭，1894 年任海軍軍令部長後，更直接參與謀劃於密室。中日甲午戰爭結束後，

升海軍大將，賜伯爵，出任第一任臺灣總督。1896 年調任內務大臣。後任文部大臣、樞密顧問官。1903 年獲元帥稱號。

樺山資紀是個狂熱的軍國主義分子，他性情狂暴，在臺灣設立殖民統治官制，頒行《六三法案》，瘋狂地發動清莊運動，毫無顧忌地屠殺反抗日本殖民殘暴者的臺灣人民。儘管樺山資紀使用各種高壓手段進行殘酷迫害，但臺灣人民並不低頭屈服，更激發起反抗日本殖民者的情緒。鬥爭一個接著一個，讓敵人防不勝防，心驚膽戰。

據《臺灣戰紀》記載，1895 年 12 月，在簡大獅和陳秋菊的領導下，起義軍向日本統治的中心臺北發起了猛烈的攻擊，震驚了日本朝野，顯示出臺灣人民誓死不屈的精神。

簡大獅又名簡太師，臺灣臺北人。本為綠林中人。光緒二十一年聚眾起義抗日，後在臺北、淡水等地與日軍作戰。光緒二十五年（1898 年）內渡，居同安。清光緒二十七年（1900 年）為日本勾結清吏捕殺。

陳秋菊是清臺灣人。光緒二十一年清廷賣臺後，聚眾起義抗擊日軍，進攻臺北，後入山區堅持鬥爭數年，拒絕日本統治者招撫。（《臺灣八日記》）

樺山資紀對臺灣人民的反抗束手無策，治理無方。總督位子尚未坐熱，不到一年時間，便於 1896 年 6 月初調回日本。

樺山資紀垂頭喪氣地挾著皮包走了，桂太郎接任第二任臺灣總督。桂太郎是陸軍將領。長州藩士出身。中日甲午戰爭時任第三師團

團長。1896 年任臺灣總督。1898 年升陸軍大將，1901 年任陸相。後任日本首相（1901-1906，1908-1911，1912-1913）。首相任內，締結英日同盟，進行日俄戰爭，吞併朝鮮，並製造大逆事件，又稱「幸德事件」，是日本明治政府鎮壓社會主義運動的事件。1910 年 5 月，日本政府以莫須有的罪名，逮捕數百名社會主義者，並以陰謀暗殺天皇的「大逆罪」對其中 26 人起訴。次年 1 月判處 24 人死刑、2 人有期徒刑。同月，幸德秋水等 12 人被殺害，其它 12 人改為無期徒刑。此後，日本社會主義運動轉入低潮。

桂太郎一開始任臺灣總督，就野心勃勃地放出大言一定要治理好臺灣。但他所使用的是鐵血政策，倡狂地向臺灣人民舉起了屠刀，圍剿各地的義軍，屠殺各地對日本殖民者不滿的臺灣平民百姓。在對雲林的一次大屠殺中，就血洗了無辜平民三萬多人，充分暴露出這個劊子手的猙獰面目。

鐵血政策原是普魯士通過王朝戰爭實現德意志統一的政策。普魯士首相俾斯麥代表容克貴族和大資產階級利益，主張以強權和武力統一德意志。1862 年他宣稱：「當前重大問題不是演說詞和多數議決所能解決的……要解決它只有用鐵和血。」鐵血政策一詞後成為戰爭的同義語。

壓迫越大，反抗越強，仇恨越深，日本殖民者在臺灣的日子越來越不好混，危機四伏。隨著伊藤博文的垮臺，桂太郎也趁機灰溜溜又神情懊喪地夾著尾巴逃回了日本。

伊藤博文是長州藩士出身。1885 年起四任首相。1888 年起三任

樞密院議長。1900 年創立政友會並任總裁。執政期間發動中日甲午戰爭，強迫清政府接受《馬關條約》，並將朝鮮置於日本統治之下。1905 年起任「韓國統監」。在中國哈爾濱為朝鮮愛國志士安重根擊斃。

1896 年 10 日，乃木希典接第三任臺灣總督大位。

乃木希典是日本陸軍將領，長州藩士出身。曾參加戊辰戰爭。中日甲午戰爭期間，率部侵佔旅順、遼陽。1895 年任師長，率部佔領中國臺灣省。日俄戰爭期間，晉陸軍上將，率集團軍攻佔旅順並參加奉天會戰。戰後，任軍事參議官、學習院院長等職。

乃木希典在臺灣大力推行「以臺治臺」策略，頒佈《臺灣紳章規劃》、《土匪歸順政策》等。但由於臺灣人民的抵抗，他自以為得計，結果其陰謀未能得逞。

由於臺灣人民對日軍的突然襲擊頻仍，讓乃木希典招架不住，黔驢技窮。他登臺僅兩個月，便激起臺東爆發「太魯閣鬥爭」。

太魯閣聚居有一萬多泰雅族人，日本殖民者對泰雅人的武裝挑釁變本加厲，亦更加激起泰雅人的怒火。泰雅族主要分佈在臺灣北部埔里以北廣大地區。

1896 年 12 月，泰雅族人民忍無可忍，揭竿而起突然向日軍哨所襲擊，哨所日軍措手不及，全被殲滅。1897 年 1 月，日軍進行報復，派軍艦一艘及炮兵和步兵 500 多人反撲太魯閣。但泰雅人早有充分防備，結果又殲滅日軍過半。但乃木希典仍不死心，於 2 月又從臺

北調集日軍千餘人再次反撲太魯閣，又被泰雅人重創，日軍傷亡數百，最後又是鎩羽而歸。

由於臺灣人民反日情緒日益高漲，野心勃勃的乃木希典此時也嘗盡了臺灣民眾給予的苦頭，一天到晚提心弔膽、恐懼不安地打發時間，巴不得借機扔掉這個燙手的「芋頭」（甘薯），一走了事。他想，臺灣對日本沒有什麼價值，毫無作用。因為日本侵佔臺灣的幾年內在經濟上不但分文未獲，兩手空空，而且日軍的死傷慘重，陷入慘境，臺灣人民的報復慘烈，自己亦慘怛於心。要是不及早「偃旗息鼓」而繼續佔領下去，日本勢必賠出更多的人命和錢財，那將更慘，不如及早鳴金收兵，是為上策。於是他轉了一個邪惡的念頭：將臺灣賣掉，而且最好賣給英國。

1897 年春，乃木希典回日本述職，他利用這個難得的機會，向首相松方正義及軍政界要員談了日軍在臺灣的窘境，忽然話鋒一轉提出自己決心賣掉臺灣的想法。

松方正義是日本政治家，推翻德川幕府後，在新帝國政府中歷任要職。1881 年任大藏卿。當時，紙幣不斷貶值，人民爭相競存硬幣。土地稅是固定的，因此，以實際值而言，也逐漸減少。他上任後大力削減政府開支，把新建工廠賣給私人經營，創辦發行貨幣的日本銀行。不出三年，通貨膨脹穩定下來，政府的財政狀況有所好轉。他在 1891 年和 1896 年兩度任首相。1897 年再次出任大藏卿。1902 年成為元老。

乃木希典在軍政要員面前權衡臺灣利弊，主張將臺灣賣給英國，

這樣既可以甩掉這個沉重的包袱，又可獲得一大筆意外之財，一舉兩得，何樂而不為！日本政府此時正處於財政極度困難的關頭，松方正義急著扭轉這一危局，對乃木希典的這一建議產生了濃厚的興趣。但又遭到內閣中強硬派的極力反對，他們紛紛通過政客對松方正義進行遊說：不能賣掉臺灣。松方亦權衡利弊，由於內閣不能達成共識，對於出售臺灣一事遭到阻礙，只有擱置下來。

但乃木希典仍死心塌地堅持到底，決不改變賣掉臺灣的決心。為了堅持賣掉臺灣這一意志，他乾脆私下與英法外交官員進行秘密接觸，私下「拉客」。當時英國佔領的殖民地甚多，稱為「日不落帝國」，對殖民地的管理當局深感為難不已，對於購買臺灣，自然沒有興趣。因此，乃木希典與英國的這筆交易尚未進行正式談判就夭折了。

法國則與英國迥異，1884 年法國曾兩次侵犯臺灣，但終未得手。獲悉乃木希典此時出賣臺灣，認為這是個千載難逢的機會，於是興趣濃厚。雙方外交官經過多次商交於密室，討價還價之後，初步敲價，法國出價 1500 萬法郎買下臺灣。

1898 年，伊藤博文第三度成為首相。一次，在他主持的軍政要員會議上，乃木再次提出將臺灣賣給法國的主張，且措辭嚴謹，斬釘截鐵、毫不猶豫。日本外務省的官員也將與法方會商的具體事宜在會議上彙報。乃木希典態度更為堅決，他說：「臺灣併入日本以來，日本分文未獲，暫且不說，反而犧牲掉許多人的生命。日本無力改變臺灣人化解不開的中國情結。也難以在臺灣取得經濟上的效益，更無力

治理好臺灣。這個賠本的事情不能再做了，不如乾脆將臺灣賣給法國。」多位軍政要員聽了均認同，一個接一個地發言，贊同乃木希典的主張。

大家發言表態之後，兒玉源太郎站起來，舌戰群臣力排眾議地說：「我認為，臺灣是日本南部的屏障，軍事價值巨大，不能賣給法國。當初為了取得臺灣，我們費了那麼大的力，死了那麼多的人。如果將臺灣賣給法國，從長遠看是划不來的。至於乃木總督提到臺灣不好治理的問題，我不能苟同。我以為臺灣不是不好治理，而是我們管理的官員軟弱無能，治理無方，所以一籌莫展。要是首相手中無人，我願挺身而出。」為了阻止乃木將臺灣賣掉，堅定群臣的決心，兒玉源太郎再向伊藤博文立下軍令狀，信誓旦旦表示要治理好臺灣。

伊藤博文即席表態：「那好，臺灣不賣給法國了。我任命你為臺灣第四任總督，臺灣的事全權委託給你處理。」伊藤博文一錘定音，其餘群臣也不敢再堅持。日本將臺灣賣給法國的陰謀計劃也以流產告終。臺灣人民一連逼走了三任日本總督。

1898 年 2 月 26 日，兒玉源太郎走馬上任到臺灣。

兒玉源太郎是日本明治時代的陸軍大將和政治家，武士出身。早年參加過幾次作戰。後入大阪兵學僚。1881 年任尉官。在參謀本部任局長時，曾使陸軍現代化。後任陸軍大學校長。1891 年訪問歐洲。1892 年任陸軍次官。1898 年任臺灣總督。他在伊藤內閣中任陸軍大臣，在桂太郎內閣中任內務大臣和文部（教育部）大臣。日俄戰爭期間任滿洲軍總參謀長。翌年升任軍參謀總長。

他瘋狂地在臺灣推行一系列新的殖民措施。他雙管齊下，在軍事方面採取鐵血政策，崇尚武力。手段兇狠地鎮壓臺灣同胞，實行保甲制度，推行連坐法。

保甲制度始於宋代王安石。他主張「變募兵而行保甲」，「什伍其民」，以維護封建統治。明清兩代有類似制度。民國時期採用保甲制度作為基層政治制度。

保甲其法為：十家為一保，有保長。五十家為一大保，有大保長。十大保為一都保，有正副都保長。家有兩人以上者，選一人作保丁。保丁自備弓箭，演習武藝戰陣。同保範圍內如發生犯法事件，保丁須檢舉、揭發或追捕。南渡後，又改五保為一大保，通選保正。這是封建社會地主階級專政用的統治人民的戶籍編制。

連坐即一人犯法，其它人連帶一同受罰。《史記·商鞅傳》:「（秦孝公）卒定變法之令，令民為什伍，而相收司連坐。」《索穩》:「一家有罪而九家連舉發，若不糾舉，則十家連坐。」

兒玉源太郎上任的頭四年，就對臺灣人民進行血腥的鎮壓，血洗了一萬二千多人。腐敗無能的清政府對臺灣人民的抗日義舉又不敢支持，見死不救，助長了敵人的志氣，滅掉了自己的威風。這更加助長了日本殖民者的狼子野心，使日本扭轉了在臺灣的被動局面。

在經濟上，兒玉源太郎採取了壟斷市場的政策，推行煙酒、食鹽、鴉片、蔗糖、樟腦等專賣政策，肆行劫奪臺灣人民的財富。他又頒行《土地調查規則》、《臺灣地籍規則》，又派大批人馬全面丈量全

臺土地，由此臺灣耕地的資料竟比原先的多出一倍，日本對臺灣人民更加重利盤剝，土地稅收亦因此翻番。由於日本肆無忌憚地漁獵臺灣人民，也使日本大獲漁利。

北回歸線橫貫臺灣島中部，臺灣屬高溫多雨的亞熱帶、熱帶季風氣候，平原地區夏季長達 8 個月，年降水量豐富。經濟價值較高的樹有 300 多種，油杉、肖楠、臺灣杉、紅檜等均為世界名樹。多樟樹，有「世界最大樟樹帶」之譽。由於自然條件的優越，水稻、甘蔗產量較高。當時，食糖是國際市場供不應求的緊俏貨，有時價格一日數漲。兒玉源太郎瞄準蔗糖這一「獵物」，便驅使臺灣農民轉為蔗農以大量種植甘蔗。日本殖民者又驅使蔗農將豐收的甘蔗在糧僚裏製成粗糖，以低價全數收購，再運往日本進行精細加工，再以高價出售，從中牟取暴利。自此，日本政府賺了大錢，財源滾滾，不但嘗到了甜頭，又給日本失業員工提供了勞動就業的機會，也封住了主張出賣臺灣的一批群臣的嘴巴。兒玉源太郎這招得計了。

由於兒玉源太郎在臺灣的政績卓著，暫時穩定了日本國內的政局，他也從中撈到了政治資本，1906 年奉命調回日本。他接著被任命為中國東北「南滿鐵道株式會社創立委員長」，對中國東北的豐富資源進行新的劫奪。

清及民國時代稱今吉林長春市以南及遼寧全境為南滿洲，簡稱南滿；吉林長春市以北及黑龍江全境為北滿洲，簡稱北滿。

株式即股，股份，股票；會社即公司；株式會社即股份公司。

南滿洲鐵道株式會社，簡稱「滿鐵」。為舊時日本對中國進行侵略的機構。清光緒三十一年（1905年），日本取得俄國控制的東清鐵路南段（舊時山東淄博市西南，即今長春到大連）權益和財產後設立。1907年開業。大連設總社，日本東京設分社，經營長春到大連、安東（今丹東）到瀋陽等各線鐵路及撫順煤礦，兼營航運、碼頭、煉鐵、倉庫、電力、煤氣、農場等，所轄單位約80個。在東京設東亞經濟調查局，大連設調查部，瀋陽、吉林、哈爾濱、北京、上海設事務所，搜集軍事、政治、經濟情報。1938年「九一八事變」後一再注資，侵佔東北全部中國鐵路。1934年又強佔中蘇合辦的中東鐵路。

　　中東鐵路亦稱「東清鐵路」、「東省鐵路」，為中國東北地區自哈爾濱西至滿洲里、東至綏芬河、南至大連的鐵路線舊稱。原為俄國於1898年至1903年間強行修築的鐵路。日俄戰爭後，長春以南段為日本佔據，稱南滿鐵路。「十月革命」後，長春以北段由中俄合辦，仍稱中東鐵路，「九一八事變」後為日本所佔。抗日戰爭勝利後，南滿鐵路和中東鐵路合併改稱中國長春鐵路。

　　1937年以後，滿鐵將所營重工業移交滿洲重工業開發株式會社。抗日戰爭勝利後停業。1950年，中蘇合營中國長春鐵路公司成立，接管該社一切權益和財產。1952年，蘇聯政府根據1950年《中蘇關於中國長春鐵路的協定》和1952年的《中蘇關於中國長春鐵路移交給中華人民共和國政府的公告》，將中國長春鐵路的一切權利以及屬於鐵路的全部財產移交給中國人民政府。1957年3月，該社東京分社結束。

此外，兒玉源太郎還制定有向中國東北移民 50 萬人的策略，陰謀進行民族同化，但未能得逞。

兒玉源太郎多行不義必自斃。1907 年，在他往中國東北赴任途中，突發暴疾，頃刻喪命在船中。這是任何人都始料不及的，一時大快人心，除了一大害。

（三）蛇圖騰

先古初民的蛇圖騰

在古代典籍中，「大蟲」指老虎，「長蟲」指蛇。晉干寶《搜神記·扶南王》：「扶南王范尋養虎於山，有犯罪者，投與虎，不噬，乃宥之；故虎名大蟲，亦名大靈。」唐李肇《國史補》上：「大蟲，老鼠，俱為十二相屬。」《說文解字》云：「它，從蟲而長。」也就是說，長的蟲就叫蛇。

在十二屬生肖中，指的是以十二種動物配十二支：子鼠、丑牛、寅虎、卯兔、辰龍，巳蛇、午馬、未羊、申猴、酉雞、戌犬、亥豬。龍是虛構的，其餘十一種動物是自然客觀存在的實物。最初蛇與龍是同一個概念的不同說法，二位一體，龍即指蛇，蛇即指龍，正如大蟲即指虎，虎即指大蟲一樣。《說文解字》云：「龍，鱗蟲之長，能幽能明，能細能巨，能短能長。春分而登天，秋分而潛淵。從肉，形童省聲。」鱗蟲指魚和爬行類的動物，《大戴禮·曾子天圓》：「毛蟲之精者曰麟，羽蟲之精者曰鳳，介蟲之精者曰龜，鱗蟲之精者曰龍，倮蟲之精者曰聖人。」鱗是有鱗動物的總稱。

倮指赤體。同裸、臝。倮蟲指身無羽毛鱗甲的動物。《大戴禮‧易本命》:「倮之蟲三百六十，而聖人為之長。」

騰蛇也作螣蛇。傳說是一種能飛之蛇。《韓非子‧難勢》:「飛龍乘雲，騰蛇遊霧，雲罷霧霽，則龍蛇與蚓同矣，則失其所乘也。」螣蛇是神話中的神蛇。《荀子‧勸學》:「螣蛇無足而飛，梧鼠五技而窮。」又注:「《爾雅》云『螣，螣蛇。』郭樸注云:『龍類，能與雲霧遊其中了也。』」

對於龍是一種虛構編造的動物，聞一多先生說，「（龍）接受了獸類的腳、馬的毛、鬣的尾、鹿的角、狗的爪、魚的鱗和須」而構成的。至今人們仍管屬蛇的稱為「屬小龍」，這是因為蛇被視為初民時代最強有力的圖騰之一，並被認為是龍的前身。

圖騰是指原始社會的人認為跟本氏族有血緣關係而加以崇拜並用作本氏族標誌的某種動物或自然物，又用作圖騰崇拜。這也可以說是原始社會的一種宗教信仰，約發生在氏族公社時期。原始人相信每個氏族都與某種動物、植物或其它自然物有著親屬或其它特殊關係，一般以動物居多。作為氏族圖騰的動物如蛇、熊、羆、狼、鹿、鷹等，既是該氏族的神聖標誌，又是全氏族的忌物，禁捕禁殺禁食禁用；且舉行崇拜儀式，以促進其繁衍。圖騰（totem）係印第安語，意為「屬彼親族」，曾遍及世界各地，在近代某些部落和民族中仍在流行。

圖騰崇拜在不同形式下的表現亦不同，主要見于謙營農獵的混合經濟或狩獵社會。畜牧部落中也有圖騰崇拜者。它對人的（或民族的）心理和社會發展以及人的氣質有一定的影響。圖騰崇拜的特點

是：

（1）認為圖騰是伴侶、親人、保護神、護身符、祖先或幫手，具有超人的能力。

（2）用特殊的名稱或徽號代表圖騰。

（3）崇拜者在一定程度上與圖騰融為一體，合而為一，或者用象徵的方法表示與圖騰同化，即使不相同的事物也會逐漸變成相近或相同。

（4）規定不得宰殺、食用或接觸圖騰，甚至規定迴避圖騰。

（5）舉行崇拜圖騰的特殊儀式。圖騰標誌著族群的威嚴，神聖而不可侵犯。

圖騰崇拜不是宗教，但有時又含有一些宗教因素。人們將自己的命運與圖騰捆綁在一起，共用亨逆，一方受殺、患病或死亡，另一方也有同樣的遭遇。

蛇也是圖騰的一種。《周易》中言及的「潛龍」、「飛龍」，實際上都指蛇。

人們只知蛇兇猛，富於進攻性而撲殺人，但未知蛇亦有其善良的特性。蛇知是非，知恩必報，知仇亦必報。蛇也是一種吉祥物。

《搜神記》卷二十記有：「隋縣（今湖北隨州市）溠水側，有斷蛇丘。隋侯出行，見大蛇被傷，中斷，疑其靈異，使人以藥封之，蛇

乃能走，因號其處斷蛇丘。歲餘，蛇銜明珠以報之。珠盈徑寸，純白，而夜有光，明如月之照，可以燭室。故謂之隋侯珠，亦曰靈蛇珠，又曰明月珠。」此所謂「行善有善報」。

明月珠即夜光珠。因珠光晶瑩似月光，故名。《史記‧李斯傳》：「諫逐客書：垂明月之珠，服太阿之劍。」

明馮夢龍的《警世通言‧白蛇傳》，寫有店堂主管許宣一日祭祖回來，在渡船上遇到一條白蛇所化白娘子及青魚怪所化丫頭（婢女），又作丫環小青。經過借傘與還傘之後，白娘子要與許宣結為夫婦，又叫小青贈銀十兩。殊不知此為官府庫銀，後被發現，許宣被遣解到蘇州拘管服役。《西湖佳話‧雷峰怪跡》：「許宣不合私相授受，發配宰城營。」在蘇州與白娘子偶然相會而結婚。後又因白娘子竊物殃及許宣，再次發配鎮江服役。許、白又在鎮江邂逅而復合。許宣得知白娘子為蛇妖後，萬分惶恐，便再三央求金山寺長老法海禪師，法海收蛇妖與青魚怪，鎮於雷鋒塔底。許宣便削髮為僧，遁入空門而得超度。化緣修塔鎮住白娘子，留警世之言後坐化。

化緣是佛教語。諸佛、菩薩教化眾生，因緣而來人世，緣盡而去叫化緣。

坐化，佛教稱和尚安生而死。

宋李昉等編輯的《太平廣記》搜羅甚富。所引野史傳奇小說，自漢代以迄宋初，共約 500 種，中多失傳，賴此得考見其佚文。該書有「見蛇吉祥」一則故事：說的是張承之母孫氏懷承之時，乘輕舟游於

江浦之間，忽見白蛇長三丈，騰入舟中。母祝曰：君為祥物，勿毒噬我（咬、吞我）。乃篋（箱。大曰箱，小曰篋。此為動詞）而將還，置諸房內。一宿視之，鄰人相謂曰：「昨見張家有一白鶴，聳翮淩雲。」以告承母，使筮（用蓍草占卜）之。卜人曰：「此吉祥也。蛇鶴延年之物，從室入雲，自卑升高之象也。昔吳王闔閭葬其妹，殉以美女，名劍寶物，窮江南之富。未及十七年，雕雲覆於溪谷，美女游於街上，白鶴翔於林中，白虎嘯於山側，皆是昔之精靈。今出世，當使子孫位超臣極，擅名江表（大有名望在長江以南地區）。若生子，可以為名。」及承生，名白鶴，承生昭，位於垂相（將及宰相）。為輔吳將軍。年逾九十，蛇鶴之祥也。

中華民族本來是蛇的傳人，是蛇種，為什麼搖身一變成了龍的傳人呢？

在中華傳統文化中，龍的蹤跡隨處可見，早在《左氏春秋》中就有十多處提及龍。在商朝的甲骨文中，龍是象形字。若根據《說文解字》中象形字的造字法，當然有物存於客觀，才得以指物象形。若此，更讓人費解，龍這種神物，到底存在於何方？

象形是六書之一，指描摹實物形狀的一種造字方法。《漢書·藝文志》：「古者八歲入小學，故《周官》保氏掌養國子，教之六書之謂象形、象事、象意、象聲、轉注、假借，造字之本也。」又注：「象形，謂畫成其物，隨體詰屈，日月是也。」詰屈也作詰曲，即曲折。

後來，隨著人們對龍的日益敬畏，對龍亦隨之而神化，龍就慢慢

地從蛇中獨立出來，構組了「龍族」。古人對龍的形狀又不斷加以設計包裝，對其形象有著細密精緻的描述。宋代徽州翕縣人羅願曾知鄂州等地，有治績。生平博學好古，長於考證。文章法秦漢，高雅精鍊，醇實謹嚴，為朱熹、楊萬里、樓鑰、馬廷鸞等推重，有《爾雅翼》、《新安志》、《鄂州小集》。在《爾雅翼》中釋「龍」說：「俗畫龍之狀，有三停九似之說，謂自首至膊，膊至腰，腰至尾皆相停也。九似者，角似鹿，頭似蛇，眼似鬼，項似蛇，腹似蜃，鱗似鯉，爪似鷹，掌似虎，耳似牛。」

同時，在民間雕刻的龍中，常見的有五爪四爪之分，龍其實是集諸多動物肢體之大成於一身，是在歷史的演變中而形成的。商、周之際多為夔龍的形象，在青銅器上就有夔龍形花紋裝飾，像一種猛禽鷙的一足而四爪。西周時期的夔龍多為彎月形的二爪。此外，商、西周又有一種應龍，有翼。相傳禹治洪水時，有應龍以尾畫地，於是成了江河，使水流入大海。這種應龍多為三趾。今人熟見的黃龍源於唐宋。也有府名黃龍，治所在今吉林農安縣。本渤海扶餘府，遼天顯元年（926 年），太祖平渤海，還至此，相傳有黃龍顯現，因更名黃龍府。保寧七年（975 年）廢，開泰九年（1020 年）復置。金天春三年（1140 年）改為濟州利涉軍。元初屬開元路。南宋大將岳飛謂「直搗黃龍府，與諸君痛飲爾」即指此。一說在遼寧開原縣境。

這種黃龍，盛於明、清。而自元代始僅限於皇家才使用五爪龍的形象，民間不得染指，只能使用三爪至四爪龍的圖案。

清朝以降，繪製五爪龍的忌諱已經沒有了。但由於五爪龍曾經是皇室獨有的象徵，民間繪製五爪龍也就比較普遍。

由於人們對龍的加工神化，所以對龍的分類亦臻於細密。早在三國時魏張揖撰的《廣雅》，周、秦、兩漢文的古義，可據以參證，為研究古漢語詞彙和訓詁的重要著作。後經隋曹憲、清王念孫之補正訛脫錯亂，繁徵博引、頗多創見而使該書臻於美善。該書《釋螭》曰：「有鱗曰蛟龍，有翼曰應龍，有角曰虯龍，五角曰螭龍。」

　　蛟龍即蛟，以其形似傳說中的龍，故稱蛟龍。

　　應龍，千年為應龍。五百年為角龍。

　　虯是傳說中的無角龍。有角曰龍，無角曰虯。

　　螭是傳說中無角的龍。古代常雕刻其形，作為器物的裝飾。

　　此外尚有一種「山龍」，是古人袞服和旌旗上的山形與龍形圖紋。《書‧益稷》：「予欲觀古人之象，日月星辰，山龍華蟲，作會宗彝。」

　　袞服是古代帝王及公侯的禮服。

　　華蟲是古冕服上的畫飾。《傳》：「華，象草華；蟲，雉也。」《疏》：「草木雖皆有華，而草華為美。……雉五色，象草華也。《月令》五時皆云『其蟲』，蟲是鳥獸之總名也。」

　　由於人們精心地對龍的形象予以設計，因此蛇的兇猛、勇敢、攻擊的本性都被巧妙地移花接木在龍的身上，甚至插上雙翅使之騰飛，成為飛龍，這就是「創始者奇」。

進入封建社會以後，古以君權為神授，謂君主秉承天意治理人民，故皇帝大言不慚地自稱為「真龍天子」、「龍種」。借指帝王為飛龍。喻其居高位而臨下，如飛龍在天。《易‧乾》：「九五，飛龍在天，利見大人。」

九五，乾卦九五，術數家說是人君的象徵，後因稱帝位為九五之尊。

利見是指見君主；大人是指大官、貴族，指在官位者。在當時官場中，成為下屬對上司的慣用稱呼。

又因為對龍的神化，故帝王的興起或即位為「龍飛」，帝王的後代為「龍子」或「龍種」，帝王（龍王）的女兒為「龍女」，山之氣脈處所結為「龍穴」，皇帝的氣脈為「龍虎」，喻帝王儀態威武為「龍行虎步」，帝王所臥的床為「龍床」。唐馮贄《雲仙雜記‧龍床》：「韓志和有道術，憲宗時，獻一龍床，坐則鱗鬣爪、角皆動。」神話中龍王的宮殿為「龍宮」，帝王的後裔為「龍孫」，供帝王游幸水嬉之用為「龍船」、「龍舟」，皇帝車駕為「龍馭」、「龍輿」，帝王的顏貌為「龍顏」，新皇帝即位為「龍飛榜」，出類拔萃的人喻為「人中龍」。「名可聞，而身不可見；德可仰，而形不可覿；吾而今而後知先生人中之龍也」（《晉書》）。

龍在中國的歷史長河中是吉祥物，即吉善事之物，古器物上多用為銘。龍又是神聖不可侵犯的，在傳統文化中，龍代表的是一種法力無邊的神力，這是神奇超人的力量，同時又是一種皇權的象徵。相反，在西方的文化中，龍只代表一種邪靈，是一種妖異怪誕之物，而

象徵人性、正義的英雄豪傑均有屠龍降魔的英勇事蹟。龍文化即妖文化。即使在中國的文化中，也有屠龍的事蹟。如《莊子‧列禦寇》：「朱泙漫學屠龍於支離益、單千金之家，三年技成，而無所用其巧。」後因稱高超的技藝為屠龍之技；佛家、道家都有降龍伏虎的故事。如，如來僧涉能使龍入鉢中；僧稠、曇詢能以錫杖解虎鬥；漢道士趙炳能使虎伏地；十八羅漢中有降龍、伏虎二尊者，均能使龍虎降伏。

朱泙漫是西周人。據說其耗盡家資三千學屠龍，三年技術成，然無所用其技。

支離益又稱支離，古代善屠者。《文選》晉張協（景陽）《七命》：「爾乃命支離，飛霜鍔，紅肌綺散，素膚雪落。」

僧稠是北齊僧。鉅鹿人，俗姓孫。通經史，徵為太學博士。年二十八出家，從道房、跋陀等習禪，多有神異。魏孝明帝三召不赴。北齊文宣帝天保二年（551年）詔請下山弘法，居雲門寺，並令周內諸州別置禪肆，禪法以是大行於北地。

曇詢是隋僧。河東人，俗姓楊。年二十二，於白鹿山北霖落泉寺出家。受戒後，專修心學，習禪定。後住懷州柏尖山寺，獨處靜院，十年不出，頗有異跡。

趙炳是東漢東陽人，字公防。能為禁術，以術療瘍。章安令認為其迷惑大眾，將其殺害。

如來是佛的別名。梵語多陀阿伽陀。意為如實道來而成正覺。又為釋迦牟尼十種法號的第一種。《金剛經》：「如來者，無所從來，亦無所去，故名如來。」

以蛇為圖騰的少數民族

以「蛇的傳人」、「蛇種」自稱的少數民族有：

一 高山族

高山族分佈在臺灣山區東南沿海島嶼。人口 42 萬。先世為古代閩粵人的一部分。明以前多冠以「夷洲」、「夷山」、「流求」等地理名稱。明末鄭成功驅逐荷蘭殖民者後，稱為「東番夷」、「土番」。清沿襲稱居住地為社番，社內成員在勞動生產時有協作關係，有共同的祭祀活動。過去在保存母系氏族殘餘的阿美人中，社的首領由年長的婦女擔任。喜愛蛇身人首的形象，反映對蛇圖騰的崇拜。保存著原始宗教，崇拜精靈。自隋、唐以降，高山族就以蛇為圖騰，喜歡紋蛇。《隋書・琉球傳》載：「（高山族）婦女墨黥手，為蟲蛇之紋。」

二 黎族

《史記・五帝紀》云，黃帝先在阪泉戰勝炎帝之後，蚩尤不服作亂，才興兵戰勝蚩尤，將其擒殺。蚩尤就是黎族部落的酋長。

黎族在今海南省黎族苗族自治州。人口 124.8 萬（2000 年統計資料）。語言屬漢藏語系壯侗語族。1957 年創制了拉丁字母的文字。先

世為古代駱粵的一支，殷、周之際從兩廣遷居海南。海南出土的銅鼓及黎族文身、雞卜等習俗反映了與古代越人的淵源關係。自稱為「美孚」等，稱漢族為「美」（客）。東漢以迄隋、唐以「裏」、「俚」等泛稱少數民族，黎的名稱始見於唐。元代設置土官。居住在偏僻山區者仍保持著原始公社色彩。五指山腹地有稱為「合畝」（黎語稱「紋茂」，意為家族）的共同勞動、按戶分配的原始協作制度。女精紡織，木棉織布有悠久的歷史。女子黥面文身，著長僅及膝的短桶裙。男子前額結髮，上衣無領，有的戴耳環。用食以火炙、生醃或漬酸，部分地區住「船形屋」，竹木紮架，茅草蓋頂，離地尺許，有防震作用。信仰鬼神，崇拜祖先，信巫術。人死以獨木棺土葬。

《說文解字》云：「虫，虫蟲也。」既是蟲，又復原為蛇，「長蟲」就是蛇。蚩尤及其部落與炎帝部落一樣，都是蛇的傳人，黎族就是蛇的傳人。

黎族奉行祖先崇拜與自然崇拜。

「黎民」指九黎之民；「黎民」又指百姓、民眾。黎是黑，民首皆黑，故曰黎民。

三 土著派宛族

土著派宛族起源於蛇，他們對蛇極其虔誠，頂禮膜拜。文蛇紋，對蛇不加傷害更不敢殺害。一般人認為這是高山族的一支。

南方蛇氏族中，一直視自己為蛇種，是蛇的傳人。對蛇崇拜有

加，禁捕禁食，甚至連蛇皮都不使用。

四 疍民

　　族（民）亦稱、疍、疍戶、疍家等。古族民。最早見於晉代陶璜疏文（《天下郡國利病書》卷一〇四轉引）和常璩《華陽國志》。南北朝至隋、唐時散居在中國西南各郡縣。後分佈在福建、廣東、廣西沿海港灣和內河，以珠江三角洲為多，又稱「艇家」。據 20 世紀 50 年代統計，約有 90 萬人。先世因罹罪貶黜，謫居水上，居無定所。從事捕魚、運輸、小商販等行業。宋代亦有　民水居的記載。傳說其泊居的篷船呈橢圓形，狀似臥蛋，故稱　民。1927 年清雍正旨令，　族可在近水村莊居住，部分　民才開始遷居陸上，轉營農業。但有的　民仍以船為家。居陸上的後裔已融合為漢族。

　　民的遠祖以蛇為圖騰，加以崇拜，他們只供奉蛇神。但其後裔不再說自己是蛇種，都稱為「龍種」。

五 閩粵族

　　福建省的簡稱是「閩」。《說文解字》：「閩，東南越蛇種。從蟲門聲。」又《說文解字》：「蠻，南蠻蛇種。從蟲聲。」閩和蠻都是一種大蛇。種是種的本字。閩粵族習斷髮紋身。其首領無諸，相傳是越王句踐之後裔，秦時被廢為君長，其地劃入閩中郡。公元前 111 年，東粵王餘善反漢失敗後，武帝鑒於「東粵狹多阻，閩粵悍」，將其部

分族人徙江淮間，後與漢族融合。

六 怒族蛇氏族

　　怒族蛇氏族多分佈於雲南省西北部怒江、瀾滄江。怒族的人口約2.87萬（2000年）。語言屬漢藏語系藏緬語族類。始見於唐代的「怒江」即因居民為怒人而得名。江岸崖洞保存著若干處用紅色顏料做的原始壁畫。長期保留原始公社制殘餘，百多年前仍使用磨光的石斧和竹木鋤，有以物易物的集市。依舊崇信萬物有靈。土葬不用棺，生前用具置於墓上。傳說怒族蛇氏族在原始時有母女四人上山打柴，偶然碰到一條大蛇，強迫與其中一女結為夫妻。小女為了保全母親的性命，便自願嫁給蛇。後來繁衍成無數的後代，成為蛇氏族。

七 傈僳族

　　傈僳族分佈在雲南西北部怒江沿岸和迤南、迤北諸縣。人口約63.5萬（2000年）。語言屬漢藏語系緬語族。先世為唐代「烏蠻」的一部分，16世紀後從金沙江兩岸南遷至現居住地區。長期保留原始公社制殘餘。由血緣家庭關係組成村寨，由有威望的老人主持村寨事務。家庭多為一夫一妻的小家庭，只有獨子或幼子才與父母同住。穿自織的麻布；行土葬，並以懸掛弩弓、織麻布工具為隨葬品。　傈僳族蛇氏族相傳古時有姐妹兩人與巨蛇婚配，繁衍後代，遂成蛇氏族。他們一直視自己為「蛇種」，是蛇的傳人，至今仍對蛇頂禮膜拜。一般信仰多神。

八 侗族

　　侗族分佈在貴州東南和湖南、廣西毗鄰地區。人口約 296.2 萬
（2000 年）。語言屬漢藏語系壯侗語族。通用漢文。族源可追溯到
秦、漢時的「駱越」。魏、晉後駱越各部原稱為「僚」。唐、宋時在
湘、桂、黔接壤的少數民族地區設羈縻制稱為「峒」，居民稱「峒
氏」、「侗人」，後沿襲為民族名稱。侗族地區在清雍正初年「改土歸
流」時，農業生產已有較高水準。所居木構建築，全以榫眼銜接，歷
數百年，防雨、防風、防曬、防震而不朽。村寨傍山依水。住屋多倚
斜坡築「弔腳樓」。族俗男尊女卑。婦女禁觸銅鼓，婚後才能分到少
量陪嫁的「姑娘田」，未婚男女社交稱為「行歌坐夜」，以對唱山歌
表達情意。有「不落夫家」的習俗，女子生育後才從夫共居。相傳侗
族始祖有母與一條大花蛇婚配，生下男女各一，成為侗家祖先。所以
侗族人自認為蛇種，以蛇為圖騰。信仰多神。

遠古的東方龍形象

　　東方人視龍為神物，為至尊的皇權，為神龍，以為神瑞；西方人視龍為妖邪，為醜惡，為怪物。東西方龍文化迥然不同。

■ 三星堆遺址

　　三星堆遺址文化是發生在中國新石器時代至商周時期的早期，即始於約八九千年前至約 3600 年前，為蜀文化的遺存，位於四川廣漢南興鎮的三星村。1980 至 1989 年發掘，發現有城址、房屋與祭祀坑。城址南寬北窄呈梯形，東牆長 1800 餘公尺，西牆殘存 800 餘公尺，南牆長 210 餘公尺。城牆係夯土築成，城外有壕溝。祭祀坑兩座，坑內出土金、銅、陶、骨及象牙等質料的文物 700 多件。陶器中的小平底鍋、尖底杯、高柄豆與鳥頭形器等具有明顯的特點。青銅立人像、人頭像、龍形器、虎形器、跪坐人像和金杖、金虎形飾等為國內所罕見，亦所未聞。其中「C」型玉雕的龍是距今 5000 多年前的遺物，該龍頭上的部位形象仍然明顯。據唐段成式《物異》載：「梁大同八年，戍主楊光欣獲玉龍一枚，長一尺二寸，高五寸，雕鏤精妙。」「C」型玉龍出現的年代料比此龍早得多。

■ 西水坡遺址

西水坡遺址位於河南濮陽西水坡，是黃河中游新石器時代與東周時代的遺址。屬仰韶文化後崗類型。年代為公元前 4665 至前 3987 年。1987 至 1988 年發掘。揭露面積 5000 多平方公尺。

發現有房屋、窖穴、陶窯、墓葬等遺跡與陶器、石器等遺物，包括仰韶、龍山、東周等不同時期的文化遺存。在仰韶文化地層中發現三組前所未見的用蚌殼擺塑的人物與動物圖案。第一組保存較好，為墓主與龍虎共組成圖，墓主男性仰臥直肢平躺在中間，兩側分別為龍、虎圖案；第二組位於前者的南邊，由龍、虎、鹿、蜘蛛等圖像組成；第三組位於第二組的南面，由人騎龍和虎的圖像組成。三組蚌圖大體作南北向直線排列。陶器有彩陶缽、陶灶、小口圓底瓶與深腹罐等。以考古斷代和碳 14 測定，墓葬的年代距今約有 6500 年左右，比三星堆遺址還要早約 1500 年左右。蚌一般指無齒蚌類。蚌塑龍虎與中國傳統天文學的四象有關。而四象所指很多。此指的是《禮‧曲禮》上所說的：「行前朱鳥（雀）後玄武，左青龍而右白虎。」《疏》：「前南後北，左東右西，朱鳥、玄武、青龍、白虎，四方宿名也。」因為這類是精妙絕倫以蚌殼擺塑的妙品（龍），因其年代源遠流長，故被人們稱為「中華第一龍」。至今無人異議。

《人物御龍帛畫》與《人物龍鳳帛畫》是戰國時期的兩幅珍品。帛畫是中國古代畫在絲織物上的圖畫。現存年代最早的有湖南長沙戰國楚墓中發現的三幅帛畫：一幅四周畫奇異的動植物圖像，中寫文字，多不可識，亦稱「繒書」。繒是絲織品的總稱，亦是帛的總稱。一幅就是《人物龍鳳帛畫》，繪著長袖細腰的女子，側身合掌而立，頭上頂有搏鬥的鳳、夔。鳳欲振翼奮飛，鳳鳥的左方正對著一條蜿蜒

曲折爬行的夔龍。還有一幅就是《人物御龍帛畫》，繪的是高冠長袖的男子，側身駕馭著一條巨龍，龍身呈舟狀，男子佩帶長劍。後兩幅都屬於人物畫或人物肖像畫，以人物為主體，對人物的容貌、姿態、風度、表情、動作、服飾等方面的特徵作了具體的描寫。在這兩幅帛畫中，對龍的神態和形狀均有細密入微的描繪。此外，在長沙西漢墓中相繼出土帛畫五件，繪有墓主人形象，以及宴飲、車馬、儀仗等場面，間繪傳統神話中的神靈怪異。其中有一幅關於導引強身的圖解，提供了古代醫學上的資料。這些帛畫是現今存世最古的中國畫，線描規整勁利，色彩絢爛端麗，具有相當高的藝術水準，是極其罕有之作。

（四） 日本唐文化

日本名勝與《詩經》

《詩經》是我國最古老的一部詩歌總集，亦是反映上古社會生活的一部百科全書。它原是當時政府作為禮樂、教育的材料及檔案而保存下來的，所以成為我國上古最可靠的史料之一，也是最寶貴的第一批文學遺產之一。

秦始皇採納李斯之計焚書坑儒，造成《禮》崩《樂》壞的慘局，《書》闕有間，但《詩經》則躲過一劫而獨全，其因是以其諷誦，即口頭背誦，而不獨在竹製（書本）的緣故。

《詩經》的內容豐富多樣，藝術形式獨特，表現手法多樣。不但在我國擁有廣大的讀者，而且被翻譯成多種外國文字，是全世界最古老的詩集之一，成為世界人民的共同財富，尤其是對一衣帶水的日本曾產生過更特殊的影響。

日本村山吉光曾著《詩經鑒賞》。這位漢學家在該書中提到日本有眾多的著名古蹟都從《詩經》的詩語中取名。

■ 地名

日本本州的富山縣，位於莊川下游的古老城堡集鎮高岡市，名勝有高岡公園、櫻花公園、佛教廟宇瑞龍寺（內藏許多國寶）。

1609 年建為城堡集鎮時命名的高岡，此名出於《詩經·大雅·卷阿》，後又於此地成立詩社，取名「鳳鳴社」，亦取其義。《詩經·大雅·卷阿》：「鳳凰鳴矣，于彼高岡。」意即鳳凰鳴了呀，在那個高高的山脊上。

高岡市名寓有神態高亢、情懷高潔、風神高邁之意。

■ 樓觀名

位於東京大都市區北緣的日本本州的埼玉縣，縣西南秩父多摩國立公園內的秩父町，每年 12 月 2 至 3 日舉行地方節慶。埼玉市的喬遷館建於 1799 年，取意於《小雅·伐木》：「伐木丁丁，鳥鳴嚶嚶。出自幽谷，遷於喬木。」意為伐木的斧聲丁丁地響，鳥叫得驚呼嚶嚶，它從深谷中出來，遷徙在高樹之上。

丁丁，伐木聲。嚶嚶，鳥鳴聲。姚際恒云：「伐木」是興，「鳥鳴」是比，蓋以「鳥鳴」比朋友，以「伐木」興鳥鳴也。

遷：上升。喬：高。過去賀人遷居或者陞官，叫做「喬遷」。嚶嚶即叫聲，尋找朋友的應聲。嚶，一作，鳥名。

三 歷史建築物名

1883 年是日本歷史上實行政治革命的明治維新時代。仿照歐洲建築接待外國貴賓的設施被命名為鹿鳴館。語出自《小雅‧鹿鳴》：

呦呦鹿鳴，食野之蘋，我有嘉賓，鼓瑟吹笙。吹笙鼓簧，承筐是將。人之好我，示我周行。

呦呦鹿鳴，食野之蒿。我有嘉賓，德音孔昭，視民不恌，君子是則是傚。我有旨酒，嘉賓式燕以敖。

呦呦鹿鳴，食野之芩。我有嘉賓，鼓瑟鼓琴，和樂且湛。我有旨酒，以燕樂嘉賓之心。

【譯文】

鹿兒呦呦叫，野外吃蘋草。我有好嘉賓，鼓瑟吹笙來招待。吹起笙，動簧片，還把盛著禮物的竹籃來分贈。人們喜歡我，就是把道理向我講。

鹿兒呦呦叫，野外吃青蒿。我有好賓客，美名處處揚。為民眾所作出忠厚正直的榜樣，君子也要來效法。我有美酒，客人們可以喝個痛快玩個飽。

鹿兒呦呦叫，野外吃芩草。我有好賓客，鼓瑟彈琴來招待。鼓瑟又彈琴，融融洽洽真歡快。我有美酒，讓賓客盡情地歡樂。

這是歡宴賓客的著名樂歌。是《小雅》的首篇，所謂「四始」之一。

《詩‧序》謂《詩》有四始。①據鄭玄說，以《風》、《小雅》、

《大雅》、《頌》四者為王道興衰之所由始，故稱「四始」。②《史記‧孔子世家》：「關雎之亂，以為《風》始；《鹿鳴》為《小雅》始；《文王》為《大雅》始；《清廟》為《頌》始。」

《小雅》為宮廷樂歌，主要在宴會、典禮時演唱。《鹿鳴》就成為古代宴客時常常演奏的名曲。春秋戰國時代部分禮制的彙編《儀禮》中曾有兩處「工歌《鹿鳴》」的記載。以後從漢代到晉代，它都成為宴會中的「傳統節目」，傳唱不衰。到了唐朝，宴飲州、鄉貢士之時，更進一步規定為「歌《鹿鳴》之詩」。直到以後的清朝，鄉試放榜的次日要舉行盛宴，款待考官、學政及新中舉者，這種宴會仍稱為「鹿鳴宴」。唐人宴時用少牢，歌《鹿鳴》之章。又宋殿試文武兩榜狀元設宴，同年團拜，亦稱「鹿鳴宴」。可見《鹿鳴》一詩為傳唱千古之珍品。

日本其時常舉辦舞會、遊園、化裝舞會，成為日本文化歐化的象徵，均在鹿鳴館這一殿堂，鹿鳴館也成為舊瓶裝新酒。

四 殿堂名

日本本州北部瀕臨日本海的山形縣，境內沿海地區的鶴崗市致道博物館收藏明治維新年間、漢學專家副島種臣所書橫匾「關雎堂」，其左側書云：「余於莊內侯邸講《關雎》，故為書茲語。」這是在1891 年 8 月所書的墨蹟。

關雎語出《詩經‧國風‧關雎》。

關雎（周南）

　　關關雎鳩，在河之洲。窈窕淑女，君子好逑。

　　參差荇菜，左右流之。窈窕淑女，寤寐求之，求之不得，寤寐思服，憂哉悠哉，輾轉反側！

　　參差荇菜，左右採之。窈窕淑女，琴瑟友之。參差荇菜，左右芼之。窈窕淑女，鐘鼓樂之。

【譯文】

　　關關叫著的雎鳩，在那河中的沙洲。標緻賢良的姑娘，是君子的好匹配。

　　參差不齊的荇菜，左一把又一把去撈取它。標緻賢良的姑娘，醒裏夢裏都追求她。追求不到手，醒裏夢裏都想個不休。相思無盡呀情意綿長，翻來覆去都睡不著。

　　參差不齊的荇菜，左一把右一把去採摘它。標緻賢良的姑娘，彈琴鼓瑟去親近她。參差不齊的荇菜，左一把右一把去採摘它，標緻賢良的姑娘，敲擊鼓去使她感到歡樂。

　　這是《詩經》開宗明義第一篇作品，所謂「四始」之一《國風》第一首。描寫青年男子對一位標緻姑娘的戀慕與追求，是一首優美的傾情詩。它的題目，是從詩句中擇取來的，並無別的深意。《詩經》每一篇都是如此。

　　周南：周成王時代，周公旦與召公奭分陝而治，周公統治東方諸侯。周南是周公治下的南方詩歌，約在今河南洛陽至湖北一帶。《周南》共十一篇。

聞一多先生言：「女子採荇於河濱，男子見而悅之。」此正為詩之本義。

五 碑石名

日本本州山形縣城米澤市。早年是以一城堡為中心的城鎮。該市內有上杉神社境內的松岬公園，內有甘棠之碑。此碑為當地甘棠會於1897年所立。甘棠語出《詩經·召南·甘棠》。

甘棠

蔽芾甘棠，勿翦勿伐，召伯所茇！
蔽芾甘棠，勿翦勿敗，召伯所憩！
蔽芾甘棠，勿翦勿拜，召伯所說！

【譯文】

小枝葉遮蓋的甘棠，不要剪去、不要斫（斧砍）傷。召伯曾在這裏住過的茅房！

小枝葉遮蓋的甘棠，不要剪去、不要撞擊。召伯曾經在這裏休息！

小枝葉遮蓋的甘棠，不要剪去、不要攀扎（抓著可依附之物）。召伯曾經在這裏歇過車馬！

六 商鋪名

日本東京和京都均有老字型大小商鋪鳩居堂，專門經營香燭供人

在齋戒占卜前燒香燃燭，沐浴時表示對神的虔誠。

京都是日本本州的一首府，北瀕日本海。京都府首府也稱京都，也是日本故都（794—1868 年），是日本重要的文化中心和佛教中心。

鳩居堂語出《詩經・召南・鵲巢》。

鵲巢

> 維鵲有巢，維鳩居之。之子于歸，百兩御之。
> 維鵲有巢，維鳩方之。之子于歸，百兩將之。
> 維鵲有巢，維鳩盈之。之子于歸，百兩成之。

【譯文】

啊！喜鵲有窠巢，啊！鳲鳩（布穀鳥）要遷占它。這個女子出嫁，百輛車子親迎她。

啊！喜鵲有窠巢，啊！鳲鳩正進住它。這個女子出嫁，百輛車子送走她。

啊！喜鵲有窠巢，啊！鳲鳩來占夠它。這個女子出嫁，百輛車子來成就她。

姚際恒云：「《鵲巢》妙語，誤盡後世解詩人。」按，鳩占鵲巢。《箋》云：「猶國君夫人來嫁居君子之室。」後人將鵲巢鳩佔為比喻強佔別人的房屋、土地、產業等。湖南諺語云：「阿鵲蓋大屋，八哥住現窩。」

《鵲巢》作文有序，一章，始迎之；二章，次送之；三章，終成之。

日本學者賴山陽曾撰《鳩居堂記》，載於《山陽遺稿》卷五。

有斐閣是具有一百多年歷史的老字型大小，社址設在東京，以出版有關法律書以及有關經濟體制、經濟核算、經濟制度、經濟效益等有關國民經濟各方面學科的書籍而遐邇聞名。社名有斐閣出自《詩經·衛風·淇奧》。此處「斐」通「匪」。

淇奧

瞻彼淇奧，綠竹猗猗。有匪君子，如切如磋，如琢如磨。瑟兮僩兮，赫兮咺兮！有匪君子，終不可諼兮！

瞻彼淇奧，綠竹青青，有匪君子，充耳琇瑩，會弁如星。瑟兮僩兮！赫兮咺兮！有匪君子，終不可諼兮！

瞻彼淇奧，綠竹如簀。有匪君子，如金如錫，如圭如璧。寬兮綽兮！猗重較兮！善戲謔兮，不為虐兮！

【譯文】

瞧那淇水角落，綠竹美盛猗猗。這個彬彬君子，好像牛骨象牙經過了切磋，好像美玉寶石經過了琢磨。儀容嚴正啊，英勇威武啊！心地光明啊，心胸寬廣啊！這個彬彬君子，畢竟不可忘懷啊！

瞧那淇水角落，綠竹青青地長著。這個彬彬君子懸在兩鬢旁的耳墜子寶石琇瑩，點綴在朝冠上的寶玉光耀如星。儀容嚴正啊，英勇威武啊！心地光明啊，心胸寬廣啊！這個彬彬的君子，畢竟不可忘懷啊！

瞧那淇水角落，綠竹茂盛繁密。這個彬彬君子，冶煉精良好，像製器裝飾用的金箔錫箔，光輝耀目好像朝會祭祀用的玉器白璧，寬宏啊，丰姿啊！把雙車耳依靠啊！善於開玩笑啊，不是暴虐啊！

由上觀之，《詩經》一書早已對日本文化產生長足的影響，且涉及各個領域，已輻射出一種《詩經》效應。其精神所引起的反應和效果，亦在異國他鄉產生一種《詩經》文化，且經久而不衰。

日本「中國化」
——中華文化對日本的深遠影響

　　中國是世界的文明古國，中華文化博大精深，源遠流長。中國的文明經天緯地，照臨四方，文采光明，文德輝耀，使近悅遠來。日本與中國是一衣帶水的國家，日本人善於模仿，亦勤於學習，深受中國這個東方文明古國的影響。日本人學習中國文化最早主要依靠中國移民作為文化載體傳佈，直至公元 7 世紀初，日本的推古天皇在位與聖德太子攝政時期，才正式開始由國家派出「遣隋使」、「遣唐使」，派大批留學生、留學僧到中國留學，以學習中國的文明和文化。高麗亦公費遣子弟來中國留學。自此，他們系統地學習中國文化，也是最早公派子弟赴中國留學的國家。

　　近悅遠來，《論語・子路》:「葉公問政，子曰:『近者說，遠者來。』」說，同「悅」。言近居之民，因為政治清明而歡悅；遠者之民聞風而附。後以「近悅遠來」為清明之政，使近悅遠來，歸流如水。

　　一衣帶水，《南史・陳後主紀・禎明》:「隋文帝謂僕射高熲曰:『我為百姓父母，豈可限一衣帶水不拯之乎？』」一衣帶水，意為像一條衣帶那麼寬的河流，形容其狹窄。因隋將伐陳，陳在長江之南，故云。後也泛指江河湖海不足為阻。

推古天皇是日本有文字記載以來的第一位女天皇（554-628 年），原為敏達天皇的皇后。公元 585 年敏達天皇逝世，用明天皇繼位。兩年後，用明天皇駕崩時，蘇我氏、物部氏和中臣氏為爭奪繼承權而互相仇殺。結果蘇我氏戰勝，推崇峻天皇即位。但崇峻天皇企圖擺脫蘇我氏的控制，592 年又為蘇我馬子所殺，馬子擁立推古皇后為天皇，她是崇峻天皇的妹妹，蘇我馬子的外甥女。推古天皇在位其間，佛教在日本確立了自己的地位，中國文化開始大量傳入日本。這些都得到蘇我馬子的大力支持。

　　聖德太子（574-622 年）是日本古代政治家，曾對日本文化的發展作出重大貢獻。他提倡佛教和儒教，建立新的政府以及宗教和文化機構。他竭力仿傚中國，不斷擴大皇室的權力。血統屬蘇我氏，為用明天皇次子。592 年推古天皇即位，他於次年任攝政，直至去世。他派出遣隋使節，從中國聘來許多藝術家和手工藝者，為兩國文化交流開闢了道路。他採用中國曆法，建設道路網，興修佛寺，其中的法隆寺坐落在奈良附近，是世界上最古老的木結構建築物。他仿照中國方式編修史書，定官職為十二階，以不同顏色的冠標誌不同的官位高低。604 年制定十七條憲法，推行中國的官僚制度。另外還興修水利，創辦社會福利設施。因英年早逝，始終未能襲皇位。

　　隋煬帝大業三年（607 年），日本聖德太子派小野妹子攜帶日本天皇的國書率「遣隋使」到洛陽，設法尋求與中國建交的辦法，其目的是藉以提高日本的國際聲望和地位。

　　小野妹子，日本推古朝遣隋使，日本推古天皇十五年，隋大業三

年攜國書入隋。608 年隋使裴世清等陪送他返日。同年隋使歸國，又偕高玄理等留學生和留學僧再度使隋。次年東歸。在隋稱蘇因高。

從隋文帝楊堅開皇二十年（600 年）起，日本就把與中國的關係放在極其重要的位置上，加緊學習中國的文化，效法中國的文明，引進中國的各項制度，延聘中國的人才，積極進行改革。至大業十年（614 年）前後，日本派「遣隋使」就多達 5 次。至大業四年（608 年）僅 8 年的時間，就公派隋團留學生留居中國學習。近代中國公派出國留學生才始於清同治末，日本比中國公派留學生尚早 1266 年。這是日本外交史上的一項偉業，一大創舉。這是聖德太子的卓越政績，也是他的遠見卓識。

到了唐太宗貞觀年間（627-649 年），日本派遣唐使更為頻繁，共有 13 次之多，尚有迎送唐使 6 次，每次所派使團人數浩浩蕩蕩，最多的一次人數達 600 人，實是規模空前。使團返國時，隨團的留學生、留學僧仍留居中國學習文化知識和儒、佛、道教。

日本留學生一律被安置在國子監學習。國子監設有必修課六學：國子學、太學、四門學、律學、書學和算學。各學招收不同的對象。

國子監是封建王朝的教育管理機構和最高學府。漢有太學，晉立國子學，北齊稱為國子寺，隋煬帝始改為國子監。唐、宋以國子監統轄國子、太學、四門等學。元代設國子學、蒙古國子學、回國子學，亦稱國子監。明、清僅稱國子監。明自景泰以後，因國用不足，允許生員納粟入監。清光緒三十一年（1905 年）設學部，國子監遂廢。

四門學是中國古代的中央官學。北魏太和二十年（496 年）創立四門小學，初設於京師四門，後與太學同一處。隋唐四門學為大學程度，隸國子寺（監），傳授儒家經典，性質與國子學、太學同，唯學生家庭官品較低。北宋亦設，但不久後即被廢。

　　唐玄宗時命國子監的四門助教趙玄默在鴻臚寺教授這些留學生的功課。

　　趙玄默，玄宗時值國子監，承詔校文籍繆缺，又任四門助教，為當時名儒。留居中國的學生有的學習幾年，有的甚至達幾十年，才回日本將中國的先進思想、先進文化廣泛傳，促進日本的政治、經濟、文化與科學技術全面發展，使整個國家呈現出一派新氣象。

　　阿倍仲麻呂（？-770 年），唐時日本國人。玄宗開元五年（717年）隨遣唐使來華，慕中國之風，留戀不去。後改名朝衡，亦作晁衡。肄業太學，因為成績優異，任左春坊司經局校書，歷左補闕、衛尉少卿、秘書監。與詩人儲光羲、李白、王維等相結識，酬唱不絕。天寶十二年（753 年）回國，在中國 31 年。途中遇險，誤傳其死。李白以詩哭之。據《全唐詩》卷一百八十四《哭晁衡》：「日本晁卿辭帝都，征帆一片繞蓬壺。明月不歸沉碧海，白雲愁色滿蒼梧。」這是一首詩，也是一篇祭文，更是一篇悼詞，感人肺腑，使人神傷，亦使江河生愁，讓草木興悲，情意之深以至於此程度。這首詩已經題有 1250 年了，中日兩國人民傳誦不絕，已成為中日友誼史上傳誦千秋的名作。

　　誰都料想不到，原來世事在捉弄人，奇跡又出現了，晁衡所乘坐

的一葉扁舟沒有翻入海底。晁衡並沒有死，經過與旋風惡浪進行搏鬥一番，又輾轉四處漂流之後，最終又回到了長安。吉星高照，有驚無險，有禍不成災。

晁衡再次申請返日本，唐玄宗許之，並且命他以回訪使者的身份前往，他和遣唐大使藤原清河等同舟，因途中遭遇風暴而使東渡失敗。此所謂「屋漏更遭連夜雨，行船又遇打頭風」。

晁衡曾經送給李白一件裘皮服裝，李白隨即笑納，非常感動而不能自己。這是彼此思想感情的由衷交流，早已成為傳頌千秋的佳話。

儲光羲與晁衡的過從甚密，亦對晁衡讚賞有加，曾題一首：《洛中貽朝校書衡》。

萬國朝天中，東隅道最長。吾生美無度，高駕仕春坊。出入蓬山裏，逍遙伊水傍。伯鸞游太學，中夜一相望。落日懸高殿，秋風入洞房。屢言相長遠，不覺生朝光。

晁衡東渡失敗之後，並沒有產生失落感，精神也沒有空虛或失去寄託。他的感情充沛，生活內容更充實，仍在朝廷繼續任職。肅宗上元中，擢左散騎常侍、鎮南都護，直至大曆五年（770 年）卒於長安，享年 73 歲，在長安學習、生活、工作長達 54 個春秋，嘔心瀝血為中日友誼的偉業鞠躬盡瘁，死而後已。

日本人民亦被晁衡的精神深為激動，深感自豪。在東京的護國寺為他開設紀念堂，建雕像，讓人們永識不忘，頌其精神永垂不朽。

吉備真備是日本古代學者。717 年到中國留學，師從趙玄默，學四門，深通五經三史、刑律、刻漏、曆算、韻學、陣法、軍制、書道等諸藝。回國後把大量中國文化傳入日本，曾備受孝謙女天皇賞識。再次派他遣唐並任副使，又來中國。第二次於開元二十二年（734年）十一月回國，共留學 17 年，這次帶了中國典籍 1700 多部回日本。回國後成為孝謙女天皇的顧問，協助她制定新的律法和改革措施，766 年任右大臣，名重一時。

　　孝謙天皇（718-770 年），日本早期女天皇。聖武天皇之女。749年 8 月即位。9 年後讓位給淳仁天皇。761 年僧道鏡在宮中講經，得到她的信任。764 年廢黜淳仁天皇，再次登上皇位，改為稱德天皇。在她統治時期，實際上由道鏡把持朝政。

　　道鏡（？-772 年），日本佛僧。761 年得到孝謙天皇的寵信，開始對政治產生影響。764 年清除淳仁天皇的寵臣惠美押勝。他隨即發動政變，廢黜淳仁，擁孝謙再次登基，為稱德天皇。他任太政大臣禪師，766 年又成為法王。他由於謀求繼承皇位而引起許多重臣的不滿，特別是觸怒了極有權勢的藤原一家。770 年稱德天皇死後，藤原氏把他逐出京城。

　　留學生玄時也與吉備真備同時返日，均得到日本聖武天皇的器重。聖武天皇是日本第四十五代天皇。715 年即位。篤信佛教，濫用民財興修寺廟。741 年下詔各地建造國分寺。752 年在奈良建成東大寺，為世界上最大木結構建築之一。他在東大寺落成典禮上發表了著名的演說。凡在舉行典禮時用的物品都收存於正倉院，現為瞭解 8 世

紀日本情況的寶貴資料。

　　吉備真備留居中國期間，精力充沛地鑽研經史，博古通今，多聞博記，成為飽學之士，也飽嘗艱辛。學成返國後，被天皇拜為大學助教。當時的學生有四五百人，但學校沒有開設文章、音韻、明經、明法、書法、算學等科。吉備真備回國就填補了這一空白，為這六科的學生講授中國的各科新思想、新知識，教授《史記》、《漢書》、《後漢書》等。高野天皇對漢學也很神往，跟他學習《漢書》、《禮記》等。

　　吉備真備不遺餘力地傳佈中華文化，他不僅僅限制在對學生的傳承上，而且著書立說。他根據部分漢字偏旁部首，創制出日語片假名，稱為日語漢字。

　　日語漢字，為日語書寫的符號，將中國漢字略加改變而成。常用於書寫名詞、動詞詞根、形容詞和其它重要的單詞。凡動詞時態、助詞及其它語法標記的日語詞綴均用平假名表示，與漢字夾用，亦可用平假名表示漢字讀音。

　　公元 3 世紀，中國史書《三國志·魏志》就有關於倭人的記載。日本人使用漢字可追溯至 5 世紀，現存最早書面文獻是《古事記》（寫於 712 年）及《萬葉集》（771 年以後）。日語大部分基本詞彙是本族語詞，但整個詞彙的大部分卻由借入的漢語成分構成。漢字在日語書面語的構詞中起著非常特殊而重要的作用。日語中每個漢字通常都有兩種讀法：訓讀，即日本原有讀法；音讀，即古漢語借音。這兩種讀法緊密相關，在構詞過程中自由地交替使用。在書寫系統方面，起初

日本人採用古漢語書面語作為他們的正式書面語。但由於用漢字書寫日語很不方便，日本人就開始用一種草體和簡化的方式書寫，結果在9世紀出現一種音節文字，這就是平假名。公元10世紀又出現了另一種書寫系統，即片假名。片假名是奈良時代僧人所創。到了15世紀，平假名深受民眾歡迎。現在的日文書寫系統是漢字和平假名並用。片假名只書寫歐洲語言藉詞和擬聲詞。電報以及公司和辦公室打字的文字也採用片假名。明治時代以來，有些人主張日文羅馬化，但實現這一計劃談何容易。

日本從未產生過本民族的書面文字，《萬葉集》就是利用漢字作音符這種方法寫日本語言的最主要著作，所以又稱為「萬葉假名」。《萬葉集》是最古老、數量最多的欽定日本詩選集，共4500首。有些是7世紀或許是更早的作品，多少世紀以來，以其萬葉精神著稱。大多為奈良時代的作品。編輯是大伴家持（717-785年），作者既有天皇、貴族、僧侶和文人，也有農民、士兵和民間歌人等。內容主要吟詠愛情、勞動和自然景物。風格樸素，有的反映統治階級的思想與生活情趣，有的描寫勞動人民的征戍離別和生活疾苦，也有神話傳說等。它標誌著和歌的極盛時期，也是研究日本古代史的重要資料。萬葉假名的這一獨特記法，既按照日文記法，又按照中文記法，把漢字的語音和語意結合使用，也造成許多問題。

吉備真備利用漢字偏旁創造了日本表音文字。後來留學僧空海又利用漢字行書體創造日本行書假名，稱為平假名。

空海，又稱弘法大師。日本佛教高僧，真言宗創始人。出身貴

族。青年時期攻讀儒家經典。十八歲寫出《三教指歸》，謂佛教優於儒、道二教。804 年到中國，在長安成為主僧惠果的得意高徒。返日本後弘傳新教義，816 年在高野山建寺廟。空海也是詩人、藝術家和書法家，主要作品《十住心論》，採用漢詩體，把儒道兩家以及佛教各宗經籍分為十級，最高一級是真言宗著作。他也倡辦公學。

日本留學生學成返國後，都被委以重任，他們都勇挑重擔。膳大丘留居長安國子監精研經史子集，回日本後被任命為大學助教。他向日本天皇上奏章，按照中國之例，懇請以孔子為文宣王，終獲准。這是日本政府開始尊孔之始。孔子也就成了日本政府最尊崇的第一位中國人。直到日本侵華期間，凡是遇見孔廟，日本兵都首先向孔子像行致敬禮，孔廟的文物都不予破壞。

由於日本尊孔，大大推動了奈良時代儒學的發展。

奈良時代，因當時日本中央政府設在奈良而得名，中國文化和佛教在此時也得到最高度的發展。奈良是日本第一個固定的首都，按中國唐朝的首都長安的模式建成。手工藝者能刻出精美的佛雕，築起宏偉的佛寺，人們還很熱心研究中國的語言和文字。在日文中採用漢字，抄錄了大量的中國手稿，特別是佛經。編纂了兩部正史《古事紀》和《日本書記》。《懷風藻》（日本詩人漢詩集）和《萬葉集》（和歌選集），也在這一時期出現。又仿照中國法典模式制定法典，取代本國固有的較為缺乏結構性的傳統法律；又採用「天皇」的稱號。中央政府又仿照唐制，設太政官和治部、式部、民部、兵部、刑部和大藏各省。另外，設神祇官司道儀式。天皇國家在 8 世紀將疆域擴展至

九州南部，經過 8 世紀末至 9 世紀初的一系列戰爭，又征服了本州北部的蝦夷人。

日本奈良時代大力引進中國文化，屢派遣唐使、留學生到中國。著名者有栗田真人、吉備真備、阿倍仲麻呂等。此時文化繁榮，尤以佛教建築、美術和文學最有成就。其全盛時期在天平年間（729748年），故又稱「天平文化」。

大和長岡留居長安，專心致志地研習唐代法律，簡稱唐律。唐律內容豐富，主要有高祖武德七年（624 年）頒行的《武德律》，太宗貞觀十一年（637 年）頒行的《貞觀律》，高宗永徽二年（651 年）頒行的《永徽律》，玄宗開元二十五年（737 年）年頒行的《開元律》。均有律、令、格、式四種基本形式。其中以《永徽律》最為重要。永徽四年（653 年）撰成的《唐律疏義》，為長孫無忌等奉敕撰，三十卷。貞觀中房玄齡奉詔撰，對隋開皇所訂新律進行刪訂，分名例、衛禁、職制、戶婚、廄庫、擅興、盜賊、鬥訟、詐偽、雜律、捕亡、斷獄十二篇，共 500 條，是為唐律。高宗時，又詔長孫無忌等為之考證，疏義而成是書。至元，王元亮撰釋文，附於各卷之後。古代律書傳於今者，以此最為詳備。所有官修的法律解釋，都具有法律效力，成為唐律的組成部分。玄宗時還編有關於唐代官制的《唐六典》。

唐律是中國古代法製成熟的標誌，在中國法制史上佔有十分重要的地位。它對外國的影響很大。當時的日本已經成完成「中國化」。

大和長岡與吉備真備回日本後，共同研製並刪定律令二十四條，

使律令漸趨完整。

留居中國的菅原娓成，醫術造詣極高，治病功效神速，神通廣大，他回日本後被任命為針博士，也重任在身。

留居中國的學生都是日本的精英，他們目擊隋、唐的嬗變，蓋大勢所趨，天「受嬗於唐」。又目擊唐蒸蒸日上，氣象萬千，及先進制度對鄰國的影響，使近悅遠來，於是歸國後更爭於革故鼎新。

日本孝德天皇於 645 年，任命遣唐返回的留學生高向玄理做博士，依照中國唐朝的政治制度在日本革故鼎新，進行大化革新。

孝德天皇，645 至 654 年在位。本名輕。即位後建元大化（日本最早的年號）。支持中臣鎌足、中大兄皇子（626-671 年）等所宣導的大化革新。

大化革新是 645 至 710 年日本進行的大規模改革。通過改革，日本從落後的氏族社會變成了以中國唐朝為典範的，有良好政治制度的國家。天皇開始採用年號。645 年孝德天皇即位，稱大化元年。在大化以前，日本是由許多氏族組成的。蘇我一家曾以陰謀和暗殺等手段控制皇室達 50 年。蘇我氏自稱府邸為「皇宮」，稱子為「皇子」。645 年中大兄皇子在宮中殺死蘇我入鹿。他與親信忠臣鎌足是大化革新的主持者。由於他的精密安排和鎌足的認真貫徹，日本有史以來第一次產生中央集權的天皇政府。646 年元旦，天皇頒佈詔書，正式掀起改革的序幕。詔書包括四點：①土地和人民歸公；②廢除貴族制度，設國、郡、裏制，國司由天皇任命；③制定戶籍，按戶籍分配土

地；④建立租調傭徵稅制度。同年 3 月，中大兄皇子把莊園和奴隸獻給國家。其它貴族也照樣行動。8 月，天皇再次下詔，進一步促進革新運動。在調查戶籍時，不僅登記人口數目在冊，而且也記載土地使用情況，這就為後來按照在家人口徵稅和重新分配土地打下了基礎。又在近江建起了皇都，制定了法律，按唐朝制度設立了政府各部，並開始修築了新的道路網。後來中大兄皇子即位，為天智皇帝（662-671 年在位）。

日本僧人道昭，在奈良大寺之一無興寺為僧。約於公元 653 年西渡中國，拜唯識宗創始人玄奘為師，研習 8 年。回日本後，弘傳唯識教義，在奈良右京建起了禪院，也成了日本法相宗創始人。死後遺體遵遺囑火化，為日本火化的第一人。

唯識宗是中國佛教重要宗派之一，由唐玄奘及其弟子窺基創立，以主張「萬法唯識」而得名。又以研明「萬法性相」為主旨，因名法相宗。也稱法相唯識宗。窺基常住長安慈恩寺，也稱慈恩大師，故本宗亦稱慈恩宗。唯識宗以《解深密經》、《瑜伽師地論》、《成唯識論》為基本經典。其教義是唯識說與三性說。主張「唯識無境」，即內識非元，外境非有，一切現象都由心識，尤其是其中的阿賴耶識種子所產生，並非實有。唯識宗用三性說概括全部學說法，即以心識因緣而派生現象界是「依他起性」，排除客觀實有的觀念，體認一切唯有識性，即達到「圓成實性」。唯識宗還介紹佛教邏輯因明學。窺基之後的慧沼、智周闡弘宗說，又曾盛極一時，但不久即轉趨消沉，故唯識宗流傳時間尚短。近代中國學者熊十力融合儒、佛思想，提出新唯識論，著有《新唯識論》。公元 7 世紀日僧道昭、智達入唐從玄奘學唯

識論。8 世紀日僧玄昉、智鳳入唐從智周受學，回國後分南寺、北寺兩系傳唯識學，而後在日本成立專宗。

智威在唐精研三論宗。回國後大力傳佈，形成流派。

三論宗是中國隋代佛教宗派。以弘揚「三論」——《中論》、《有論》、《十二門論》得名。又因著作闡發「諸法性空」說，亦稱「性宗」。三論宗在法朗時已初具規模，實際創始人是吉藏（549-623年）。吉藏承鳩摩羅什、僧肇舊學和僧朗、僧詮、法朗的統緒，撰寫「三論」注疏和《三論玄義》，傳佈印度龍樹、提婆的中觀思想。該宗的基本思想是：①「有得是邪，無得是正」，「言以不住為端，心以無得為主」。主張破一切有所得見，以無所得為宗旨。②認為世俗關於萬物是真實存在的看法（俗諦），和佛教對萬物是空無實體的看法（真諦）是「二而不二」，不可偏廢，是為「中道」。③萬物歸根到底是「不生不滅，不常不斷，不一不異，不來不去」，即所謂「八不中道」。625 年，朝鮮僧人慧灌把三論宗學說傳到日本。慧灌弟子日本僧人智威、道慈又來唐學三論學說，回國廣為傳佈，形成元興寺、大安寺兩大流派。在中國國內，唐以後三論宗日漸式微。

自 743 年起，佛教各流派如華嚴宗、法相宗、禪宗與天台宗都傳入日本。凡與佛教有關的雕刻、建築、繪畫工藝在日本均方興未艾。

華嚴宗，中國佛教宗派名。又名法界宗賢首宗。此宗以《華嚴經》為法典，出現於南朝陳、隋之際，與三論、天台、淨土、法相等宗對峙。以唐杜順為始祖，雲華智儼法師為二祖，法藏賢首法師為三祖，清涼澄觀法師為四祖，圭峰宗密禪師為五祖。賢首著《華嚴經略

疏》確立教旨，故又稱賢首宗。至唐武宗會昌禁佛以後，漸次式微。

天台宗是中國佛教重要宗派之一。以其實際創始人智顗常住浙江天台山而得名。又因宗經為《法華經》，又稱法華宗。主張五時八教，奉《法華經》為佛的最後說法。基本教義：①是方便法門，即折中佛教各派乃至調和佛教外的儒、道思想，來構築本宗體系；②是「一心三觀」，天台宗一祖北齊禪僧慧文提出修般若最終結果是一心中得「三智」（道種智、一切智、一切種智）和一心中得「三相」（空、假、中）。而「三相」又稱「三諦」，所以也是一心中得「三諦」。三祖智顗又把「一心三觀」結合實相論發揮為「三諦圓融」說，即空、假、中三諦不是先後依次關係，而是在境界上同時存在，互不妨礙。天台宗傳承系統是，一祖慧文，二祖南嶽慧思，三祖天台智顗（智顗的《法華玄義》、《摩訶止觀》和《法華文句》稱為「天台三大部」），智顗授四祖灌頂。七祖湛然崛起中唐，號稱中興。11 世紀初因爭論智顗《金光明玄義》廣本真偽分為山家、山外兩派。山外因受其它宗派影響被山家斥為不純，不久湮滅。山家成為天台宗正傳，對於後世影響較大。9 世紀初，日本僧人最澄入唐求法，在天台山從湛然門下道邃等習天台宗教義，回國後開創天台宗。13 世紀日本僧人日蓮根據天台宗《法華經》創立日蓮宗。11 世紀末朝鮮僧人義天入宋習天台宗教義，將天台宗傳入朝鮮。

法相宗是日本在奈良時代（8 世紀）從中國傳入的佛教六派中最重要的一派。此宗的根源在於印度的瑜伽行派，由玄奘於 7 世紀傳入中國。玄奘的弟子窺基創法相宗，因主張調心識，故又稱唯實宗，傳入日本後，分成南北兩宗。8 世紀該宗在政治上甚為得勢，玄昉、道

鏡等僧迭出。法相宗現在仍擁有奈良的法隆寺、藥師寺和興福寺等名寺。據 1977 年資料，法相宗在日本有寺院 85 所，信徒 595000 人。

禪宗在日本是重要的宗教。強調通過直覺感悟到自身固有的佛性。此宗屬大乘佛教，興起於中國。「禪」是梵文 dhy na（靜坐沉思）一詞的音譯。該宗認為，人人有佛性，但因為冥頑而使佛性處於休止狀態。喚醒佛性的最佳方法不是學習經教、為好行善、舉行儀式或禮拜佛像，而是通過師徒直接傳授而達到開悟。據傳佛陀每次說法時均覺默不語、拈花微笑。眾弟子中只有迦葉一個領悟佛陀的意者。迦葉的傳承體系後來稱為佛心宗。據說號稱印度禪宗第 28 代祖師的菩提達摩於 540 年將此宗傳入中國。他的教法依次傳與慧可、僧璨、道信和弘忍。在唐代，禪宗產生一些支派，其中兩派至今猶存，即臨濟宗和曹洞宗。到了明代禪宗走向式微。1191 年日本僧人榮西將臨濟宗傳入日本。1227 年道元將曹洞宗傳入日本。這兩個支派在日本極為流行。禪宗的第三個支派為黃檗宗。16 世紀日本政局動盪，彼時許多禪師擔任外交家和行政官員，並且保存文化生活。藝術、文學、茶道和能藥，都是在他們的贊助下發展的。日本德川幕府時期（1603-1867 年）所推崇的中國新儒學，也是由日本禪師傳入並傳佈的。據 1977 年資料，日本禪宗各派共有信徒 960 萬人。20 世紀後半葉，北美和歐洲也出現一批禪宗團體。

實際上，日本早在隋、唐之前就開始重視中國文化。那時日本大和古國（在今奈良縣）在公元 3 世紀形成。4 世紀前半期，其勢力已達關東地區。中央政府通稱「大和朝廷」。據中國《宋書》載，自永初二年（421 年）至升明二年（478 年），倭王瓚、珍（一作彌）、濟、

興、武相繼遣使至中國；武（雄略天皇）受封「安東大將軍」。後豪族專擅，王權衰落。645年大和改新，大和時代結束。

　　綜觀整個日本歷史，日本早被中國的文明與博大深邃的文化的無窮魅力所吸引，遣使、留學生、留學僧接踵摩肩而來，潛心精研中國文化以及儒家、道家與佛教經典，並將其迅速引進日本、廣布宣傳，掀起一股巨大的「中國熱」，以中國的儒、佛、道為師，大力革故鼎新。這一批批的遣使、留學生、留學僧作為中日文化交流的載體，對日本的政治、文化、經濟、法制等方面均起過巨大的作用，其功不可沒。

世界袖珍小國

在世界各地，有些人自劃領土，自封為王為帝，自我為政。一些袖珍小國的面積甚至只有一間房子那樣大小。有的國家只有國王一個人，是名副其實的「光杆」司令。這些微型小國在歷史上均經歷過戰爭、成功、失敗、獨立、幸免於難等世事滄桑。世局動盪，有的國家被兵燹所毀，幸免於難的則是不幸中的萬幸。

倖存者如密克羅尼西亞（Micronesia，西太平洋）則創造了他們自己的貨幣，印有自己的圖騰。也有自己製造的護照，發給出境執行任務、旅行或在國外居住的本國公民，作為證件和憑證。這些護照也獲得各國的公認而暢通無阻，被各國認可，被宣佈為合法的。

袖珍小國大都是人口特別少，面積極其小，令人難以置信的微型國家。

Redonde ── 岩石上的王國

　　哥倫布是意大利航海家，是新大陸的發現者。他富有理想的心志和大膽無畏的精神，使他成為世界史上最偉大的航海家之一，並帶給他榮譽和財富。他四次遠航，發現人們從未發現的地方。Redonde 是哥倫布第二次遠航時主張建立的。自此，這個無人居住的岩石上就產生了王國。這裏除了懸崖峭壁之外，僅有 1 平方英里的陸地。除了野生山羊外，就是飛鳥，而且種類眾多。鳥糞就是大自然的資源，自 20 世紀開始，每年開採量竟達 7000 噸。後來英國一家酒店試圖派出使　者抵達該國，廢除他們的禁煙令，但是終究達不到目的。

皮特凱恩島

人口：61（1983 年）；面積：5 平方公里；首都：亞當斯頓。

皮特凱恩島是太平洋中南部孤立的火山島，與無人居住的奧埃諾、亨德森和迪西島一起組成英屬皮特凱恩殖民地。主島面積 5 平方公里，是一崎嶇的半個火山口，四周陡立為沿海峭壁。屬亞熱帶氣候，雨量充沛，土地肥沃。1790 年英國船「邦蒂」號從塔希提島駛往西印度群島，到達皮特凱恩島時途中發生叛亂，後叛亂者登陸此島並留下來。1808 年，其島民被美國捕鯨隊發現。島民為叛亂分子和隨行的塔希提島波利尼西亞人的後裔。1856 年，因人口過多，部分島民遷往諾福克島。主要居民點亞當斯頓在北岸邦蒂灣附近。居民從事漁業和種植咖啡，並向過渡船隻出售郵票和雕刻以賺取現金。1898 年起，受英國太平洋高級官員管轄。1952 年，行政權轉歸英屬斐濟殖民地總督。1970 年斐濟獨立後，英國駐紐西蘭高級專員兼任該島總督。通過選舉產生的委員會管理，人口 61（1983 年）人。首都亞當斯頓。官方語言是英語和塔希提語。近幾年島上的教堂也關閉了，因為每周只有 8 人來做禮拜。島上只有一個餐廳和酒吧。

科克群島

人口：19569 面積：241 平方公里；首都：阿瓦盧阿。

　　科克群島是南太平洋紐西蘭的自由結合區，陸地總面積為 241 平方公里。1888 至 1892 年被宣佈為英國保護國。1901 年併入紐西蘭版圖。1965 年實行內部自治。設總理、內閣、立法議會。首府阿瓦盧阿在拉羅湯加。實行從小學到初中的免費教育。該島設有師範學院。主要貿易國是紐西蘭，居民講英語。每年約有遊客 9 萬人，旅遊業為主要經濟來源。

吐瓦魯

人口：9000；面積：陸地面積 26 平方公里；首都：富納提島。

吐瓦魯（Tuvalu）是太平洋中西部島國。舊稱艾理斯群島。在澳大利亞北 4000 公里處。1892 年為英國保護地，1914 年劃為英屬吉伯特和艾理斯群島殖民地。1978 年 10 月 1 日獨立，為英聯邦特別成員國。實行君主立憲制。居民講英語、吐瓦魯語和吉爾特語，大多信仰基督教。

吐瓦魯沒有正規的軍隊，也沒在國防上投資。這裏的第一批居住人口是玻利尼西亞人。

諾魯

人口：8000（1984 年）；面積：21 平方公里；行政中心：亞倫。

諾魯（Nauru）是太平洋西南部島國。在夏威夷西南 3900 公里處。島呈橢圓形。1888 年併入德國馬紹爾群島保護地。第一次世界大戰後由國際聯盟委任英國、紐西蘭、澳大利亞共管。1942—1945 年被日軍佔領。1947 年成為澳大利亞管轄的聯合國託管地。1968 年獨立。1969 年成為英聯邦成員國。其議會制政府由總統、內閣、立法機構和司法機構組成。國內民族成分混雜，以玻利尼西亞人為主，講諾魯語，信奉基督教。實行免費教育。1969 年與澳大利亞和斐濟通航空線。現已開闢通中國香港、臺灣的航空線。

摩洛希亞共和國

人口：6 人；面積：0.025 平方公里；首都：無。

美國西部的內華達州（Nevada），南部屬莫哈威沙漠。最低點在科羅拉多河峽谷一帶。內華達是全美最乾旱的州，聳立在西部的山嶺阻攔了來自太平洋的雨水，形成州內的半乾旱氣候。而最乾旱又在東南部，年降水量不到 100 公釐。南部長夏酷熱，就在這樣環境惡劣的沙漠地帶，有一個聲稱主權獨立自主的國家，名叫「摩洛希亞共和國」。

這個國中之國成立於 1977 年，至今已有 30 多年的歷史。目前全國人口只有 6 人，面積僅有 0.025 平方公里，四周皆被美國國土包圍得嚴嚴實實，是一個名副其實的「世界第一袖珍國」。這樣少人口、小地域的國家，當然名不見經傳，也上不了地圖，世人更不知曉。這個小國的前身是「伏爾德斯坦大共和國」，亦是名不見經傳，為無名之輩。由前國王詹姆斯・斯皮爾曼以及前首相凱文・巴夫（現總理）所創建，是為開山祖。自 1977 年建國至今，「摩洛希亞」歷經數遷其址，猶如浮萍漂蕩，居無定所，漂泊度日。直到 1990 年，便從歐洲再遷往北美，自此便落戶在美國內華達州里諾市東部平沙無垠的沙漠中。為了招來離婚旅客，內華達州政府規定凡在該州短暫居住者即可辦理離婚手續，故里諾又被稱為「離婚之都」。

摩洛希亞自詡為一個主權獨立自主的國家，雖然是一個袖珍國，但麻雀雖小，五臟俱全，它擁有自己的憲法作基本國法，具有最高的法律效力，作為其它立法工作的根據。該國憲法規定了它的社會制度、國家制度、國家機構和公民的基本權利與義務，也制定具有憲法作用的典章制度的憲章、憲政。處理事情亦有章可循，有法可依，可謂依法治國的國家。

　　摩洛希亞這個彈丸之地的小國，儘管土地面積狹小且人口稀少，「曾不容刀」，但從來沒有引入任何移民充實其國。

　　為了發展旅遊業，創造外匯，摩洛希亞的國門仍然是敞開的，對遊客無比歡迎。只要遊客持有護照要求入境，都能得到該國認可獲得簽證。僅僅要求通過電子郵件或是郵件提前預約便可。

　　由於人口稀少，故一身兼數職，每個人既當官，又當辦事員，同時發揮電腦的作用，以省人力、物力、財力，可謂人盡其才，物盡其用，地盡其利。第一夫人阿德利安妮‧瑪莉‧麥克費北漢利‧波巴卡‧迪比它卡，除卻在政府部門一身兼數職、公務纏身之外，還肩負著為這個小國添丁進口的任務，可謂任重而道遠矣！目前這個小國的人口已從建國時的 4 人增長至今共 6 人。

　　摩洛希亞自詡為「第三世界國家」，即發展中國家。至今仍然未與任何國家建立正式的外交關係。沒有進行國際方面的活動，沒有參加國際組織和會議，沒有與別國互派使節、進行談判、簽訂條約和協定等，亦可謂「世外桃源」之國。

摩洛希亞曾經發生過一場政治動盪，引起了國王的驚恐，為此頒佈過戒嚴法。

　　根據規定，在摩洛希亞境內，白熾燈、貓魚與煙草都是非法的禁物。

第二編

文化・生活

六 服飾

漢服

　　漢族是中國眾多民族中最大的族群。漢服即中國漢族的傳統民族服飾，歷史源遠流長。

　　中國自古即有中華、中夏、華夏等稱謂。自 19 世紀中葉以降，「中國」始專指國家的全部領土，不作他用。所以，漢服又稱為華服、漢裝。其由來可追溯至三皇五帝到明朝時期，綿延幾千年，華夏族一直保留漢服的基本特徵。漢族人民所穿戴的漢族傳統服飾基本不變。

　　三皇是傳說中遠古部落的酋長。三皇之稱，說法不一。

　　（1）伏羲、神農、黃帝。

　　（2）天皇、地皇、泰皇。

　　（3）伏羲、神農、祝融。

　　（4）伏羲、地皇、人皇。

（5）天皇、地皇、人皇。

（6）伏羲、神農、燧人。

相傳古代有五帝，其說不一。

（1）伏羲（太皞）、神農（炎帝）、黃帝、堯、舜。

（2）黃帝、顓頊（高陽）、帝嚳、堯、舜。

（3）少昊、顓頊、高辛、堯、舜。

緯書所說天上五方之帝。東方蒼帝，名靈威仰；南方赤帝，名赤熛怒；中央黃帝，名含樞紐；西方白帝，名招櫃；北方黑帝，名汁光紀。

《周禮・春官・小宗伯》：「兆五帝於四郊。」又注以太昊、炎帝、黃帝、少昊、顓頊為五天帝。

總之，三皇五帝是古代傳說中的帝王。現代史學家多認為是我國原始社會末期部落或部落聯盟的首領。《周禮・春官・外史》：「掌三皇五帝之書。」三皇五帝一名見秦漢古籍者僅此，其說起於戰國時。三皇五帝究為何人，說法不一，但多是附會之談。

為什麼說漢服是從三皇五帝到明朝時期的漢人服飾呢？因為後來的清朝與明前的元朝的服飾屬於外族，即少數民族的服裝，旗袍就是女真族、滿族的祖先的服裝。萬曆四年（1576 年），女真族人努爾哈赤合併各部，建號為（後）金，崇貞九年（1636 年），皇太極改號為

清。1644 年入關，不久統一全國，因清朝改稱其族為滿洲，遂簡稱滿族。現在所謂的旗袍是滿族的服飾，是女真族統治中國 270 多年間女性服飾的一種，並不屬於正統的中原漢服。

漢服作為中國漢民族的正統民族服飾，是世界上最古老的民族服飾之一，它的顯著特色是展現「仁、義、禮、智、信」的道德內涵，也是中國傳統服飾文化淵源深厚的內涵和蘊藉。

五德，秦漢方士以金、木、水、火、土五行相生相剋的道理來附會王朝的命運，稱五德。有以相剋為說的，漢初人據鄒衍說認為秦以周為火德，漢以水德王；有以相生為說的，劉向《三統曆》以秦為水德，稱漢以火德王，但虛妄則一；五德又指人或事物的五種品質或特徵。如儒家以溫、良、恭、儉、讓為修身五德；《孫子．計篇》又注以智、信、仁、勇、嚴為將之五德。《韓詩外傳》讚美雞有文、武、勇、智、信五德。

早在三皇五帝之時，就開始「重衣裳而天下治」，這充分說明漢服的精神與物質層面的統一性和一致性。

《易．繫辭》下：「黃帝、堯、舜垂衣裳而天下治，蓋取諸乾坤。」《商君書．君臣》：「瞋目扼腕而語勇者得寵，垂衣裳而談說者得進，遲日曠久積勞私門者得尊向（尚）。」穿著長大的衣服，形容無所事事或文縐縐的樣子，後來成為稱頌帝王無為而治的套語。也省作「垂衣」、「垂裳」。

漢服自古及今年深日久，不論經歷過任何變化，歸根結底都為兩

大類，其一為上衣下裳制，其二為深衣制。

深衣是古代諸侯、大夫、士家居所穿的衣服，又是庶人的長禮服。衣裳相連，前後深長，故稱深衣。《禮·深衣》：「古者深衣，蓋有制度，以應規矩，繩權衡。」又注：「名曰深花者，謂連衣裳而純之以采也。」《疏》：「凡深衣皆用諸侯、大夫、士夕（晚）時所著之服，故《玉藻》云：朝玄端，夕深衣。庶人吉服，赤深衣。」

玄端，緇（黑色）布衣，古諸侯、大夫、士之祭服，其它冠、婚等禮亦用之。《儀禮·士冠禮》：「玄端、玄裳、黃裳、雜裳可也。」

早在中國的夏商時期，就是上衣下裳制。最早的是皇帝的禮服，上衣代表上天，顏色皆深藍，代表著宇宙；下裳皆為黃褐色，代表著大地。爾後之春秋、秦漢，流行為深衣制，深衣整體皆為一件長袍，上下一貫，有含蓄深藏不露之意，體現出人之含蘊而不露、耐人尋味之內涵。領子左右交叉則象徵著地道的圓融。

地道即關於地的道理、法則。《易·說卦》：「天之道曰陰與陽，立地之道曰柔與剛。」《管子·霸言》：「立政出令用人道，施爵祿用地道，舉大事用天道。」又注：「地道平而無私。」

深衣的背後，自上而下的一條直縫，貫穿衣服的背後象徵人道中和。

人道是人類社會的道德規範。《易·繫辭》下：「有天道焉，有人道焉。」

中和，儒家中庸之道，認為能「致中和」，則無事不達於和諧的境界。《禮・中庸》：「喜怒哀樂之未達謂之中，發而皆中節謂之和，……至中和，天地位焉，萬物育焉。」《文選》馬季長（融）《長笛賦》：「皆反（返）中和，以美風俗。」

漢服的袖子是圓口，象徵天道的圓融。

天道，自然的規律。《荀子・天論》：「天有常道矣，地有常數矣。」漢王充《論衡・亂龍》：「鯨魚死，慧（彗）星出，天道自然，非人事也。」古人認為天道是支配人類命運的天神意志。《書・湯誥》：「天道福善禍淫，降災於夏。」

圓融，佛教語，意除破偏執、完滿融通。《嚴經》曰：「地、水、火、風，本性圓融，周遍法界，湛然常住。」唐符載句：「靈以靜生，境因圓融。」

漢服的腰間束帶，象徵做人要平衡中正。

平衡，泛指兩種以上事物所處位置相當或事物得以均等。

中正即正直。《管子・五輔》：「其君子上中正而下諂諛，其士民貴武勇而賤得利。」

除漢服之外，皇上頭頂的冕版「前圓後方」則表示天圓地方；若「前低後高」則象徵為人謙虛恭順。

冕版，頭頂上的木版，又叫延，或稱冕旒，古代禮冠中最尊貴的一種。外面黑色，裏面朱紅色，冠頂有版，稱為延，後高前低，略向

前傾。前端垂有組纓，穿掛玉珠叫做旒。天子的冕十二旒，諸侯九，上大夫七，下大夫五。歷代制大略相同。南北朝後只有皇帝用冕，故登王位叫加冕。相傳黃帝始作冕。

冕服指古代統治者的禮服。舉行吉禮時都用禮服。冕同而服異，有大裘冕、袞冕、鷩冕、毳冕、希冕、玄冕之別，通稱冕服。

冕笏，冕，冠；笏，手版。都是古代貴族官僚的服制，後來均以冕笏泛指做官的人。

漢服的每個配件均有它的名稱，也深具內涵。例如明朝的「四方平定巾」這種帽子，即寓意有經過蒙古族統治的元朝，受盡了災殃的漢族人民如饑似渴地盼望著大漢服飾禮儀的回歸。

四方，東南西北，泛指全國各地；平定，平暴定亂。《史記·秦始皇本紀》：「今陛下興義兵，誅殘賊，平定天下。」

漢服是屬於天人合一、富理性的服飾文化，它的功能不僅僅限於遮體保暖及蔽羞，還包含做人的行為準則的規範，都明喻在衣服冠帽和配件上。

天人合一，天道和人道、自然和人為的相通、相類和統一，力求天人協調、和諧與一致，為中國古代哲學的特色之一。

漢服是天人文化的融合和統一；亦與佛道觀念以及禮治理念相統一。它體現出天人合一的理念，與現實生活的著裝和諧及優美高雅的姿態融於一體。所以，漢服在詩詞歌賦、音樂舞蹈、琴棋書畫、品茗

茶道、武術劍道等文化藝術的層面上，均與中華傳統文化相結合，在中國歷史的傳承與發展過程中，都充分顯示出天人合一的道德內涵。

服飾制度初步形成於黃帝時代，此為雛形階段。冠服制度遂建立於夏商兩朝。周禮制度基本形成於西周。當時對衣冠禮制有明確的規定，冠服制度逐步漸被歸入禮制範圍，形成了禮制的文化，而漢服至此基本定型，且日臻完善，亦漸臻佳境。

漢服的主要特點是交領、束腰、右衽、繫結與帶鉤等，顯示出人的瀟灑風姿、自然大方而有韻致，神采飄逸而與眾不同的形象。

交領，古代衣領，下連到襟，故稱交領；衽即衣襟，指上衣、袍子前面的部分；束腰，整飾衣冠，束緊腰間的衣帶；用繩帶繫結。帶鉤，束腰革帶上的金屬鉤，春秋戰國時由北方游牧民族傳入中原。古書上帶鉤有鉤、師比、胥紕、鮮卑等多種名稱。其制一端曲首，皆有圓鈕。有作物形的，也有鑄花紋的。

中國傳統文化深受儒、道、佛家的影響，人們的生活規則與行為規範都離不開仁、義、禮、智、信五德的規制，體現在人們的日常生活中，如飲食起居、穿衣鞋、戴帽子、行禮、髮型、走路、坐姿等，都應依據不同的場所、活動場地、身份地位等按規範行事，否則就會有失身份。

文學作品也直接反映生活現實，且高於生活現實，使之更典型，更具代表意義。如武戲中的起起武夫頭戴什麼樣的鶡帽，身穿什麼樣的皮襖，套什麼樣的黃金罩甲，莫不如此。

鶡帽，歇是鳥名，即鶡雞。《山海經·中山經》：「（諸山）其鳥多鶡。」又注：「似雉而大，青色有毛，勇健鬥，死乃止。」漢曹操《鶡雞賦序》：「鶡雞猛氣，其鬥終無負，期於必死。今人以鶡為冠，像此也。」

再如春秋時宋國國君宋襄公，名茲父，為桓公子。公元前 638 年伐鄭，楚救鄭，宋楚戰於泓水。相目夷主張乘楚兵渡河中襲擊，襄公不從，以講仁義，等楚師渡河列陣後再戰，喪失戰機，大敗傷腹歸，次年死，在位十四年。文學作品為了突出他講仁義、講文明的本質形象，一舉一行灑脫、風度翩翩，一登場亮相就著力介紹戴進賢之冠冕，乃聖乃神（意為像聖人、神靈的樣子），他的裝束就顯示其身份及特徵。

魏晉時期女性的裝束服飾均承襲秦漢的遺俗，但在傳統服飾的基礎上稍有改進，一般上身穿衫、襖、襦，下身穿裙子，款式多為上儉下豐，衣身部分緊身合體，袖口肥大。裙為百褶裙，裙長曳地，下擺寬鬆式裙，從而達到精神、舉止、風貌的瀟灑。

衫，古指短袖的單衣；襖，有襯裏為上衣，如夾襖、棉襖；襦，短衣，短襖，用於單衫之外。

古代對漢服的設計都重在考慮如何規範儀容，寬袍大袖。步行的方式是兩手平端，抱在胸前或腹前，稱為端拱（端身拱手）或垂拱（垂衣拱手），垂拱後多用以歌頌帝王無為而治。端拱體現出一種對人嚴肅有禮和謙虛恭謹的神態。

下裳如若過長，快步行走就易於踩到衣襟，因為古人的履夾頭是朝上翹的。這種步行方法稱為「高視緩步」。如果快走時腳後跟就要踮起來（即抬起腳後跟），所以快走稱為趨，也叫疾走。《論語·微子》：「孔子下，欲與之言，趨而避之，不得與之言。」

快走時，兩臂擺動幅度大自然張開，衣袖便隨風飄拂起來，這謂之「翔」。《禮·曲禮》上：「室中不翔。」又注：「行而張拱曰翔。」這又喻翔風。王充《論衡》：「翔風起，甘露降。」翔風即瑞風，一名景風，一名惠風。

高視緩步，形容氣度不凡，慢步以進。與「高視闊步」相反。《隋書·盧思道傳》：「俄而抵掌揚眉，高視闊步。」形容氣概不凡。亦用以形容態度傲慢。沈括《答崔肇書》：「既已出身為吏，不得復若平時之高視闊步。」

穿何種服飾就有相應的容貌、姿態、風度，漢服有儀表堂堂、儀容俊秀、儀態萬千之外表美。服飾起著規範儀容的作用。周禮中就有服飾與儀容的內容。穿漢服就能體現出一種端麗、舉止端詳、神情端莊的神態。

《易經》一名《周易》，指《周易》中同《傳》相對的經文部分。其中提出的陰陽概念和「無平不陂，無往不復」的觀點更為令人珍惜，在中國思想史上有深遠的影響。黃帝、堯、舜所縫製的衣服是根據《易經》中的乾坤兩卦，乾為天，坤為地，一上一下，製成上衣下裳的。

漢服寬大，灑脫自然而隨和。腰身儘管肥大，但有帶子束於腰間，並不讓身子顯得過度肥大或轉動不靈而臃腫呆板，而是顯得線條流暢，飄逸出塵，更為展現出身軀的曲線美。

漢服之美不在於它色彩的華麗，而在於它典雅的風格。漢服的本色應該是樸素淡雅，而不是濃豔華麗。濃豔華麗是經過藝術誇大的舞臺服飾，那是源於生活又高於生活的藝術品。從發掘出土的器物來看，凡以紅褐色、暗紅色、黑色、青紫色等深黑色為主調的，才是漢服真正的本色。唐京兆人張萱，以善畫名冠盛唐。工畫貴公子、宮苑、鞍馬。善於點綴景物，構思佈局巧妙，人稱妙品。有作品《長門怨》、《少女圖》等。唐人周昉，京兆長安人。官宣州長史。初效張萱畫，以仕女寫真與畫道佛像知名。曾創制「水月觀音」，為雕塑者仿傚，稱為「周家樣」。時稱韓幹得形似，昉得精神姿致，名播中外，為當時第一。又好屬文，善書。張萱和周昉的《簪花仕女圖》、《虢國夫人春遊圖》所畫的盛唐美女們儘管思想、性格開朗，袒胸露肩，但胸懷坦蕩，具有時代特色，極其樸素淡雅。

總之，漢服的內涵有敬天重德、仁義禮智信、修心向善等優美的高尚的品德。以這些行為規範體現出純善的內容與純美的形式的價值取向，從這兩個層面來展現中華文化的淵源內涵和豐富的底蘊。

神妙的龍袍

龍袍是皇帝所穿的袍，上面繡有龍形圖紋。《水滸傳》第二回：「高俅看時，見端王頭戴軟紗唐巾，身穿紫繡龍袍。」

龍套是傳統戲裝之服飾，也為帝王大臣侍者之服。對襟大袖，顏色不一，滿繡彩花或龍紋，前後開衩，四周鑲邊。演此角色者除前後擁侍外，一無所能，故業此者亦稱跑龍套。

古代皇帝的服飾，大致分為三種：禮服、吉服與便服（常服）。此外尚有行服、雨服等。

龍袍是吉服的一種，其特點有盤領、右衽、黃色。龍袍比禮服等而次之，是皇帝在普通吉慶筵宴上抑或朝向文武大臣所穿的服飾，即人們常見的皇帝服飾。西漢皇帝劉恒，即「文景之治」的漢文帝，他第一次採用黃色。到了隋朝始為隋制。唐高祖武德初，禁士庶不得服，黃袍遂專為皇帝之服。這種黃色一直沿用到明清。明萬曆二十九年（1601 年），任徽州知府的孫隆，工畫梅，到蘇州充任稅監，督造龍袍。

《易・乾》：「九五，飛龍在天，利見大人。」乾卦九五，術數家說是人君的象徵，後因稱帝位為九五之尊。因此，九五兩數就象徵著至高無上，極其崇高而莊嚴，不可褻瀆，不可侵犯，後在皇宮中的建築物與日常生活器具等均有所反映。

物以稀為貴，真正的龍袍世所罕見，1957 年發掘北京定陵明神宗朱翊鈞墓（十三陵之一，今已整理開發為地下宮殿，在今北京市昌平太峪山東），出土文物中有緙（kè）絲製成的龍袍。

緙絲又名克絲、刻絲，是中國傳統絲織工藝品，有花紋圖案，當空照視，有如刻鏤而成。始於宋，明代稱緙絲、克絲、刻絲。織造時，以細蠶絲為經，色彩豐富的蠶絲為緯，各色緯絲僅於圖案花紋需要處與經絲交織，故緯絲不貫穿全幅，而經絲則縱貫織品。舊時緙絲著錄所說的「通經斷緯」，即此。其成品的花紋，正反兩面如一。中國緙絲歷史悠久，清故宮中藏有五代遺物。明清以降的緙絲題材，多係仿製古代的人物、山水、花鳥等繪畫作品，技藝極其高超。主要產地為蘇州。

傳世的龍袍，四條龍均繡在龍袍醒目的部位，即胸前、後背與兩肩，在前後衣襟部位各繡兩條行龍，這樣前後望去均為五條龍，隱含有九五之尊的深意。

正龍是正視前方的龍，是只有皇帝才能使用的龍紋，龍身盤旋，頭居其中，眼睛正視前方，姿態優美，威儀凜然，氣節剛正，光明正大，不存私心。這樣，前後共有八龍。但九五之尊，尚少一龍。一說皇帝本身是一條龍，加起來是九條龍。其實還有一龍，只是被繡於衣襟裏面，從外面就看不見，只有將外面的衣襟掀開才能看到。這樣，每件龍袍實際上繡有九龍，這就是史料所記的九五。

「龍」有時也指馬。漢文帝有駿馬九匹，叫九逸，也叫九龍。古人也多以九龍為裝飾，如漢魏有九龍殿，五代時閩主王延鈞作九龍

帳；此外，還有九龍冠、九龍輿等。北京故宮博物院和北海公園皆有九龍壁，琉璃雕鑲。

龍袍除了繡有九龍之外，雲領、袖口、腰部均繡有精緻而體態較小的龍紋。此外，龍袍下擺斜向排列著很多彎曲的線條，稱為水腳，水腳之上還有很多上下滾動的波浪，有如白浪滔滔。白浪之上又立有山石寶物謂之「海水江涯」。隱含有「山河大一統，萬世致昇平」的深刻含意，亦隱含吉祥久遠之深意。

龍又稱雲龍。《易‧乾》：「雲從龍，風從虎，聖人作而萬物者睹。」李太白詩《胡無人》：「雲龍風虎盡交回，太白入月敵可摧。」入月指女子月經來臨或孕期足月。

龍袍除卻龍紋以外，尚有鳳紋、吉祥、八寶紋、富貴牡丹紋等。龍紋的間距之間，繡蝙蝠紋、五彩雲紋、十二章紋的色彩為多，龍鳳紋是帝、后的象徵。龍鳳本喻賢才。《南齊書‧王僧虔傳》誡子書：「於時王家門中，優者則龍鳳，劣者猶虎豹。」明高啟詩《龐公》：「南陽有龍鳳，乘時各飛翻。」龍鳳又指帝王之相。《舊唐書‧太宗紀上》：「有書生自言善相，謁高祖曰：『公貴人也，且有貴子。』見太宗曰：『龍鳳之姿，天日之表，年將二十，必能治世安民矣。』」

龍鳳紋的龍袍，除了帝、后使用之外，任何人不得染指。

十二章紋是傳統服飾紋樣的一種。《書經‧益稷篇》載：「予欲觀古人之象，日、月、星辰、山、龍、華蟲、作會、宗彝、藻、火、粉米、黼、黻，絺繡以五采，彰施於五色，作服。」多用於古代帝王

服飾，為最尊貴的紋樣。這種圖案是中國圖紋中最高統治者的專有紋飾，只能用在皇帝、皇后和少數親王、將相的服飾上，從未在民間出現過。

五彩雲紋是五彩龍紋，青、黃、赤、白、黑五色，是龍袍上不可或缺的龍袍裝飾圖案。這表示好兆頭，吉祥平和。紅色蝙蝠紋就是「紅蝠」，諧音「洪福」，意即大福。龍袍以明黃色為主調，金黃、杏黃等次之。

明黃是一種顏色名。元費著《蜀箋譜》：「謝公有十色箋，曰深紅、粉紅、杏黃、明黃、深青、淺地、深綠、淺綠、銅綠、淺雲。」

文臣武將的服飾稱蟒衣，蟒是蛇最大者，故稱王蛇。古代官服，袍上繡蟒，故稱蟒衣。明萬曆閣臣多賜蟒衣，蟒與龍相似而龍五爪，蟒四爪。清代稱蟒袍，為清制，皇子、親王等親貴以及一品至七品官皆穿蟒袍。唯皇子、親王之袍繡五爪金花色蟒九；一品至七品官之蟒，則按品級繡四爪蟒八至五，並不得用金黃色。

蟒袍可簡稱蟒，如紫蟒，蟒玉。謝肇淛《五雜俎‧物部四》：「內官衣蟒腰玉者，禁中殆萬人。」

蟒也是傳統戲曲服裝。劇中帝王將相的官服，圓領大蟒，滿繡龍紋、水紋，有水袖，根據人物的地位、性格、臉譜穿用。大抵皇帝黃色，老臣穿古銅色或白色，一般人物穿紅色或綠色。穿著時腰圍玉帶。后妃、貴婦、女將所穿「女蟒」，式樣大致相同，繡彩鳳，長僅及膝。

蟒也有繡三爪或乾脆無爪的，另外，龍頭上有角，而蟒卻無角。這些細微的差別用以區分身份地位的不同。龍袍上的紋樣及其所在的部位絕對不能有絲毫的差錯，不少紋樣專用於帝龍袍之上，這顯示出皇帝至尊無上的象徵，所以稱皇帝為「至尊」。

大放異彩的唐裝

唐裝是唐人的裝束。宋陸游《老學庵筆記》：「翟耆年，字伯壽。……巾服一如唐人，自名唐裝。」

翟耆年是元潤州丹陽人，號黃鶴山人。以父任入官，好古文，性孤介，不苟合。自謂為吏必以戀罷。棄官歸，著書自娛。有《籀史》。

唐朝是中國歷史上的鼎盛時期，政通人和，社會穩定，經濟發展，人民富足，文化繁榮，百花爭豔，國門開放，友好往來的國家曾有三百多個。唐朝的貞觀之治，乾坤定矣，鐘鼓樂之。開元盛世，勵精圖治，天下大治。

唐朝以海納百川的襟懷廣納各國服飾文化之精華，使唐裝大放異彩。既有寬袍肥袖的華貴之家的氣派，又有胡服騎射精悍利索而沒有過分做作之嫌。唐服極富個性及審美情趣，著裝與化妝（脂粉、唇膏、香水等）都有別具一格的特色。唐裝儘管豔麗，但並非設色濃重。女性亦非濃妝豔抹，庸脂俗氣。

大唐服飾雍容大方，華麗典雅，豐姿灑脫，在歷史悠久的中國服飾史上盛極一時。

大唐的男子身著圓領袍衫，頭戴紗帽、帕頭，這是以絲絹剪裁成

的方巾，四角下垂，用以裹護頭髮，在盛唐流行甚廣。唐代女性愛美成風，重視化妝，讓容貌美麗以突出形象。服飾為低領肥袖，高束裙腰。上著短襦或短衫，下穿長裙，再加以半臂，肩披帛巾，讓長裙下擺拖地而行，顯得神采飄逸，舒心自在。

唐代服裝海納百川，可歸為三種款式。第一款式為襦裙搭配服。襦是短衣、短襖。上身穿短襖，下身穿裙子，不管出身貴賤，每個階層的人都穿著這款套裝。人們對有金銀彩繡的短襖上衣都情有獨鍾。下身穿的裙子多為月青、深紅、青綠、絳紫、杏黃等色。楊貴妃喜歡穿石榴裙，影響所及，當時的婦女也盡情效法，在當時大街小巷，胡同裏弄所呈現的都是紅裙。當時李白有詩：「眉欺楊柳葉，裙妒石榴花。」

本來石榴是漢武帝時張騫自西域城國安國傳入內地的，故名安石榴，又名丹或、塗林等。熟時色紅。其花常呈橙紅色，亦有黃色或白色。

石榴裙又名大紅裙，泛指女人的裙子。並非到唐朝才有這款色澤的裙子。早在南朝徐陵輯的《玉臺新詠》中有何思澂《南苑逢美人》詩云：「風卷葡萄帶，日照石榴裙。」又梁元帝《烏棲曲》：「蛟龍成錦鬥鳳紋，芙蓉為帶石榴裙。」後來有武則天《如意娘》詩：「不信此來長下淚，開箱驗取石榴裙。」後人亦用石榴裙比喻女人，這是借代修辭手法。

第二款式為很低的袒露領口，外披紗羅，上身的雪肌隱約顯現。但切忌顯露肩膀與後背。

紗羅又稱紗羅組織或絞紗組織。以地經紗與絞經紗同緯紗交織的織物組織。其中絞經紗時而在地經紗左則，時而在地經紗右側。每織入一根緯紗後絞經紗即變換一次位置的稱「紗組織」；每織入奇數根緯紗（如三根、五根等）後絞經紗交換一次位置的，稱「羅組織」，統稱紗羅組織。織物表面具有有規則的空隙。用於濾布、蚊帳、窗紗、衣料等，也用以加固無梭織機織制織物的布邊。

　　第三為北方胡服。由於唐朝國門開放，與國外交往頻繁，自從開通絲綢之路，駱駝成為「沙漠之舟」以後，因駱駝體高大，背有二肉峰，耐饑渴，能負重致遠，利於在沙漠中行走，便使當時駱駝商隊來往不絕，大唐的服飾亦具有異邦色彩，北方胡服亦應運而生，人們也追風仿照，盛極一時。

　　白居易作長篇敘事詩《長恨歌》，描述唐明皇和楊貴妃的愛情故事，把宮闈豔史作為真摯的愛情故事表現出來。楊貴妃「天生麗質難自棄，一朝選在君王側。回眸一笑百媚生，六宮粉黛無顏色。後宮佳麗三千人，三千寵愛在一身」，「風吹仙裾飄搖舉，猶似霓裳羽衣舞」。但好景不長，結果是乾兒子安祿山的「漁陽鼙鼓動地來」，便「驚破霓裳羽衣舞」。

　　《霓裳羽衣舞》又名《霓裳羽衣曲》、《霓裳》。唐代宮廷樂舞，著名法曲。

　　法曲即法樂，因用於佛教法會而得名。原為含有外來音樂成分的西域各族音樂，傳入中原地區後，與漢族的清商樂相結合。至遲從梁代起，以清商樂為主的「法樂」即已出現，後發展為隋代法曲。樂器

有鐃、鈸、鍾、磬、幢簫、琵琶等；演奏時以金石絲竹先後參加，然後合奏。唐代法曲又摻雜道曲而發展至極盛。著名法曲有《赤白桃李花》、《霓裳羽衣》、《破陣樂》、《一戎大定樂》、《長生樂》、《獻仙音》、《獻天花》之類。唐玄宗酷愛法曲，命梨園弟子學習，稱為「法部」。中唐以後，法曲漸衰。

白居易《長恨歌》中的「霓裳羽衣服」說的就是穿著羽衣跳胡舞。胡服上褶下　，窄袖長袍，下身著長褲，足上穿長筒鞋。盛唐以後，胡服日趨式微，唐裝也有所改變，款式更寬，袖口肥大。到了中晚唐已達四尺以上。

中晚唐的達官貴人穿禮服出席公共場合時，禮帽上還要插上金翠銀鈿，故名「鈿釵禮服」。

總之，唐裝氣勢恢宏，海納百川，款式眾多，影響廣遠。李白曾經擊節讚賞道：「素手芙蓉，虛步躡太空。霓裳曳廣帶，飄浮升天行。」

素手即潔白的手，空手。

李白將霓裳的飄逸、彩帶的飄舞，使其霓裳的絢爛多彩、華麗炫目描寫得如此令人嘖嘖稱奇，連聲稱歎。

唐裝充分顯示出大唐帝國的強盛國力，以及山河的壯麗和美好的人文景觀。唐裝又是唐代人們優美高雅、優遊自得姿態的體現，它充分體現出多姿多彩的大唐風範。宮女們上有珠圍翠繞的華麗，下有霓裳纏身的華貴。不特宮廷侍女裝扮得花枝招展，連升斗小民間的婦女

亦爭相傚仿，這就是宮妝效應，使色彩爭奇鬥豔，一應俱全，各有春秋。

除卻服飾之外，大唐婦女又在頭飾上大放異彩，在髮式上巧做文章，有雙髻、寶冠、高髻、垂髻、花環、環帶、斜髻等鬼斧神工般的精巧，極具「噴氣式」、「爆炸式」的藝術造型，令人歎為觀止。

大唐婦女在面部裝飾上的構思更是巧妙無比，除了「開窗理雲鬢」而外，又是「對鏡貼花黃」，如額上貼花，嘴唇塗脂，面龐抹粉，目上畫眉，眉又分蛾眉、長眉、闊眉、柳眉等，畫龍點睛，生動傳神，這就是面顏、畫眉、點唇的絕技。

綜觀漢服與大唐服飾，都顯示出華夏民族重德守道、修身重義、崇佛敬神、敬天敬地精神的古典藝術，亦表現出華夏民族傳統文化的博大精深，也顯示華夏民族博大的胸襟、博愛的精神和博古多識，更表達華夏民族的道德規範與普世價值。有道「此衣只應天上有，緣牽萬古落人間」，這就是神傳文化的理念，這就是天人合一的玄機。它與華夏民族現實生活的服飾和諧優雅地有機結合，融為一體。

清朝盡善盡美的皇袍

皇袍的種類繁多，款式多樣，以便皇帝出席不同的場合。

皇袍的穿著不但具有禦寒蔽體的功能，同時又具有「嚴內外，明等級，辨尊卑」的社交屬性。《詩‧大雅‧假樂》：「穆穆皇皇，宜君宜王。」寓意光明美盛。

清朝帝、后盛裝珍藏於故宮中的多達兩萬件，「服色品章，昭一代之典則」，為漢代以降服飾傳統體制趨於高度美善的產物。其中一針一線均精心創作，含有神妙的玄機，其一鉤一勒的龍紋及其數量的繁約均深具篇章。

清朝皇帝的服飾及其品色分為常服、雨服、吉服、禮服、便服、行服等。其中禮服又包括朝服（袍）、端罩、袞服。

端罩是大清的章服。清搏沙拙老《閒處光陰》：「國朝章服之極珍貴者，為元狐褡，漢文曰端罩，雖親王亦非賜賚不能服。若既薨沒，即當呈繳，奉旨賞還，方敢藏於家。……其式似表衣而較寬，長毛外向，左右衩微高，各懸飄帶一。」古代的朝服稱端冕。端，玄端；冕，大冠。

袞服又稱袞衣，古代帝王及公侯的禮服。衣上繡有龍。天子大裘冕，十二章，日、月、星辰、山、龍、華蟲，繪於衣；宗彝工、藻、

火、粉米、黼、黻，繡於裳。袞冕九章，自山龍以下。冕七章，華蟲以下。毳冕五章，藻火以下。希冕三章，粉米以下。玄冕一章，惟裳刺黻而已。

吉服包括龍袍、袞服。

常服是平日穿的軍裝。《詩·小雅·六月》：「四牡騤騤，載是常服。」《箋》：「戎車之常服，韋弁服也。」後通稱日常所穿的便服為常服，與「禮服」相對。

行服是外出或狩獵時穿用；「行服」一詞原指服喪，守孝。《後漢書·桓榮傳》：「肅宗即位，鬱以母憂乞身，詔聽以侍中行服。」後常服指介於禮服與便服之間的一種服裝。行服多指打獵所穿之服。

雨服又稱雨衣。下雨降雪時所著之衣，初以蓑草製成。後亦有以絹或油布製成者，更有以膠布、塑膠製成的防雨雪外衣。

龍袍是皇帝吉服中的一種款式，只是在隆重的慶典節日，及其先農壇皇帝親耕、親養等場合中穿著。

先農壇，祭祀古代傳說始教民耕種的農神，或謂神農，或指后稷。漢王充《論衡·謝短》：「社稷、先農、靈星何祠？」相傳周制有籍田，並祀先農，以示勸農的意思。歷代封建王朝沿襲此制。

朝服（袍）是君臣朝會時所著的禮服，為諸侯或臣屬朝見君主時的穿著。春見曰朝，時見曰會。朝袍是皇帝在隆重大典場合之時所穿著的，如即位、大昏（同婚，指帝王婚娶）、元旦（元正，一年的第

一天）、萬壽節。宋吳自牧《夢粱錄・正月》：「正月朔日，謂之元旦，俗呼為新年。」萬壽節，即皇帝生日，取《詩・小雅・南山有臺》「萬壽無疆」之義，唐開元後，始以皇帝生日為令節，如天長節、慶成節之類。如不定專名則通稱聖節，或萬壽節，簡稱萬壽。

在以上的隆重大典與祭祀活動時，皇帝必穿禮服。

古人重祀季節的周而復始地變化，四季的穿著也相應的適應這個客觀規律，如以棉、夾、紗、單、皮等製作的款式多種、質地上乘、顏色各異的禮服，其中有明黃、藍、紅、月白四種顏色。

月白即淺藍色。《史記・封禪書》：「太一宰則衣紫及繡。五帝各宜其色，日赤，月白。」

清朝皇帝的朝服均用明黃色，也用於御殿朝賀及祭先農壇、祭太廟（天子的祖廟）、地壇祭地等祭祀場合。日壇朝日用紅色，月壇夕月時用月白色，只有在祭天和天壇祈穀時用藍色。

日壇是舊時祭日之處，在今北京市朝陽門外。明嘉靖九年（1503年）建。明、清二代均於每年春分日遣官致祭，清制遇甲、丙、戌、庚、壬年由皇帝親祭。月壇是帝王祭月的壇，今月壇為明嘉靖九年所建，方廣四丈，高四尺六寸，每年秋酉時祭月，在今北京市阜成門外月壇公園。古代帝王祭月稱夕月。《國語・周》上：「古者先王既有天下，又崇立於上帝明神而敬事之，於是乎有朝日、夕月，以教民事君。」《周禮・春官・典瑞》：「以朝日。」漢鄭玄注：「天子常春分朝日，秋分夕月。」歷代封建王朝都相沿行祭月禮。

大清朝服的基本款式是上衣、下裳相連的長袍相配而成，通身上下繡金龍三十四條，披領袖金龍二條，兩袖各繡金龍一條。另配箭袖和披領。

《大清會典》有明確的規定，穿不同的服飾要佩戴不同的冠帽，分為朝服冠、行服冠、常服冠、吉服冠。腰間還要係相應的「腰帶」。古以韋為帶，反插垂頭，至秦時始名腰帶。唐初改下插垂頭。上元元年（674年）命文武官皆得服帶。後稱衣帶。《世說新語·容止》：「庾子嵩（敳）長不滿七尺，腰帶十圍，頹然自放。」總之，穿吉服繫吉服帶，穿朝服繫朝服帶，不得混用。

漢民族的服飾等級制度也體現在清朝的龍袍圖案中，這是漢族服飾文化對滿族同化的緣故。如清乾隆明黃緞繡五彩雲蝠金龍十二章吉服就是。該龍袍總共繡龍九條，正龍繡得正襟危坐，顯得嚴肅而拘謹。行龍繡得活靈活現，栩栩如生。四條正龍繡在龍袍最醒目的位置，即前胸、後背與兩肩上。四條行龍繡於衣襟前後的下擺部位。前後都一目了然是五條龍，正隱含有九五之尊之意。還有第九條龍繡在裏面的衣襟中，俗稱藏龍或臥龍。日、月、星辰等十二章紋均繡以五彩，彰施於五色的龍袍，為最尊貴的花紋。隱含著至善至美之至德，意為皇帝是大地的主宰，掌握有生殺予奪之權柄。《孟子萬章》上引《詩》：「普天之下，莫非王土，率土之濱，莫非王臣。」普天，猶言遍天下；率土，四海之內。皇帝的權力至高無上。「如天地之大，萬物涵覆載之中，如日月之明，八方照臨之內。」

照臨指君主統治，同「君臨」。《左傳》昭二八年：「照臨四方曰

明，勤施無私曰類。」

清朝的龍袍曾經進行過多次修改，儘管在不同程度上被漢族服飾同化，但仍保留著滿族服飾的本色。如帝後朝服上的馬蹄袖，又稱箭袖；還有披肩領以及皇后雙肩所飾被稱為「緣」的半月形裝飾，分別象徵著馬蹄、馬鞍與弓的圖案形象，將滿族騎射征戰「在馬背上奪天下」的光輝業績充分表現出來。

滿族傳統服飾的箭袖（箭衣），儘管入關後逐漸失去實用的意義，但作為滿族的行禮動作而保留著。平時挽起成馬蹄形，凡遇到行禮之時，可迅捷地將袖頭翻下，然後或行半禮或行全禮。由於袖端去其下半，僅可覆手，故便於射箭，舒卷自如。它遮手可禦寒，捋袖放下可行禮，因此它有實用功能又具裝飾效果，人們稱之為「反映大清歷史的象形文字」，具有描摹實物形狀的功用。

再說龍袍的一針一線、一鉤一勒均有文章，飽含深意。十二章紋中的日、月、星辰均顯示三光，象徵皇恩浩浩，普照四方。五星為金、木、水、火、土五大行星，五星即歲星（木星）、熒惑（火星）、鎮星（土星）、太白（金星）、辰星（水星），又稱五緯、五曜。

山，隱含山斗之意，象徵帝王的大恩大德大行及其言，人們仰之如泰山、北斗雲‧皇德如山重，亦象徵帝王能治理四方水土。

龍，喻皇帝。《易‧乾》：「飛龍在天，大人造也。」《疏》：「飛龍在天，猶聖人之在王位。」龍象徵帝王善於審時度勢，依法審理國事，不存私心。

華蟲，古冕服上的畫飾。《書・益稷》：「山龍華蟲作會。」

象徵帝王文采彰明，昭著新德，光之罔極。

宗彝，宗廟祭祀所用的酒器。《書・益稷》：「作會，宗彝。」《疏》引漢鄭玄：「宗彝，謂宗廟之鬱鬯卣樽也。」《禮・王制》「制三公一命卷。」唐孔穎達《疏》：「宗彝者，謂宗廟彝樽之飾，有虎蜼二獸。虎有猛蜼能避害，故象之。不言虎蜼而謂之宗彝者，取其美名。」象徵帝王忠孝的美德。

藻，貫玉的五色絲繩。《禮・玉藻》：「天子玉藻。」又注：「雜採曰藻，天子以五采藻為旒。」象徵帝王的品行高尚純潔。

火，五行金、木、水、火、土五種物質之一。人們以五行仁、義、禮、智、信為五常，又喻五種行為。《禮・鄉飲酒》：「貴賤明，隆殺辨，和樂而不流，弟長而無遺，安燕而不亂，此五行者，足以正身安國矣。」五行象徵帝王秉公辦事，光明磊落，以火熱的心率士群黎向歸上天。

粉米，鄭玄注：以粉米為白米，指白色米形花紋。偽孔《傳》：「粉，若粟冰；米，若聚米。」分粉米為二物。象徵帝王給養著蒼生，重視農桑，器重民以糧為主，民以食為天。

黼，古代禮服上繡黑白相間如斧形的花紋，有如形，象徵帝王明辨是非曲直，公平公正。

黼，古代禮服上繡黑白相間如斧形的花紋，象徵帝王辦事果斷、

果敢、果決，毫不猶豫，精明幹練。

古代穿衣戴冠是一個嚴肅的問題，因為這直接涉及人的社會身份，張冠李戴有時甚至會招來殺身之禍。早在清太宗皇太極時期（1636-1643 年）就有服制的規定：「上下冠服諸制」和「不得忘先」。到了清高宗乾隆時期又規定：「祖宗成憲具在，所宜永守勿愆也。」「愆」即過失，違背。儘管採用一些漢服的新工藝和龍袍的著色、章法、紋飾，也要保持大清服飾的基本特色而「不輕變祖訓」。仍恪守清世祖順治九年（1652 年）的成法：「凡違禁衣服，如三爪、五爪滿水段圓補子，黃色、秋香色、黑狐皮，俱不許存留在家。餘越品衣服，如御賜許穿用。若非御賜，聽其變賣不許穿用。」

補子又稱補卦、補服，舊時官服上標誌品服的徽飾，即官服的前胸及後背綴有用金線或彩絲綴成的圖像徽識。補子成官品的標誌，明時已有，清代規定文官繡鳥，武官繡獸。一品文鶴，武麒麟；二品文錦雞，武獅；三品文孔雀，武豹；四品文雁，武虎；五品文白鷳，武熊；六品文鷺鷥，七品文（像鴛鴦的一種水鳥）；六七品武為彪；八品文鵪鶉，武犀牛；九品文練雀，武海馬。命婦受封，亦得用補子，各從其父之品以分等級。

「練」本為古喪服，小祥主人練冠，故稱小祥之祭曰練。練即古代祭名。父母去世第十一個月祭於家廟，可穿練過的布帛，故以為名。《禮記·雜記下》：「期之喪，十一月而練，十三月而祥，十五月而禫。」練即把生絲煮熟使柔軟潔白。

小祥是古時父母死去一週年的祭禮。《禮·間傳》：「父母之

喪，……期（一週年）而小祥，……又期（兩週年）而大祥。」舊時親喪以兩週年除靈。

康熙九年（1670 年）對服飾的使用又作出詳細的規定：「公民以下，有頂戴官員以上，禁止穿五爪、三爪蟒緞滿翠緞圓滿服，黑狐皮、黃色、秋香色衣。」

頂戴是用以區別官員等級的服飾。宋陳亮《龍川詞・卜運算元》：「頂戴御袍黃，疊繡金稜吐。」清制，官品以帽上頂珠色質為別，謂之丁戴，又名頂子。有紅寶石、珊瑚、藍寶石、青金石、水晶、硨磲、金之別，其制始於雍正四年（1726 年）。

清朝皇帝每年對執行服飾制度都進行嚴格的秋審，因違制而被斬頭的罪犯，其人數之多是驚人的。

秋審是清制，各省死罪人犯，每歲審擬，分為情實、緩決、可矜、可疑四項，報刑部。八月間刑部會同九卿各官詳覈分擬，請旨裁定。其情實人獨裁定時，有予勾、免勾之別，予勾者立即執行，免勾者暫緩執行。因其時為秋季，故稱秋審。

清朝的服飾制度日臻完善，極具系統性、全面性和嚴肅性。但到了乾隆朝，冠服制度比較鬆弛，執行得不嚴格。清高宗乾隆是一位較開明並大有作為的皇帝。他不勝慨歎道：「每歲秋審，謀故殺人犯已不勝誅，豈能將侈肆越禮之人，復一一繩以三尺乎？此時朕非不能辦，實不忍辦，亦不必辦也。」人的生命只有一次，死後就不能復生，乾隆帝不忍辦，刀下留人，使一干服制斬犯撿回一條命。乾隆可

謂愛護人的生命、關懷人的幸福、尊重人的人格和權利。這是康乾盛世的迴光返照，亦是其懷柔政策之體現。

製作一件朝袍耗資巨大，勞民傷財，又曠日持久，耗神費力。計有關資料統計，凡清朝皇帝的衣料，質地要上乘，製作要精巧，一針一線、一鉤一勒都要根據嚴格的要求，不能越雷池半步。製成一件朝服要耗時兩年。 凡皇帝的衣料先由內務府（掌宮廷內的政務）廣儲司（內務府內設七司之一）擬定款式顏色及其應用數目奏准，對緞匹長闊幅度的規格尺寸、質地、色澤、花樣均有嚴格的規定。

清朝皇帝的詔令布告中，就要求官局所織緞匹「務要經緯均勻，闊長合適，花樣精巧，色澤鮮明」。如品質欠合格者，要補賠損失，被判罰金，又以鞭子和板子抽打，受盡皮肉之苦。

要依典禮院規定的朝袍定式，抑或由皇帝命題再由內務府畫師繪製重彩工筆小樣，交由總管太監呈皇帝御覽，或經內務部大臣直接加以審閱後，連同審批件送發江寧（今南京市）、杭州、蘇州三地織造司分織。其中各有所司，江寧專司御用彩織錦緞，杭州局專司織造御用袍服、杭綢、絲綾。蘇州局專司織造紗、綾、羅、綢、刺繡、緙絲、錦緞等。

據有關史料記載，江寧、蘇州、杭州三局織成匹料之後，按其工序再送交裁作、繡作、衣作。至於刺繡由如意館的畫工專司，設計彩色小樣，經審核後，再按成品尺寸放大著色（塗上顏色）。「小樣」即模型、樣品的校樣，以區別於「大樣」。

刺繡即以針引彩線，在織物上繡出字畫，是技術極高超的一道工藝。《書・益稷》：「予欲觀古人之象，日月星辰，山龍華蟲，……黼黻絺繡，以五彩彰施於五色，作服。」自漢以後，刺繡工藝達到極高的水準。晉王嘉《拾遺記》記趙達之妹能列萬國於方帛上；唐蘇鶚《杜陽雜編》說江南盧眉娘能於一尺絹上繡《法華經》七卷，字大小不逾粟粒，點畫分明細於毛髮。

以上工序完成之後，交內務府和江寧織造衙門所屬的繡作投入生產。

全部工序操作完成之後，由水陸兩路運進京城，其中後宮所用衣料均從水運進京。總之，在織造布料的整個流水作業中繡工約有 500 人，繡金工 40 多人，畫樣過粉約 10 多人，總共近千人。如若由一人全程刺繡，則將耗兩年半左右的時間才能完成，耗時費力之長之大，可見一斑。

在這段時間內，由於穿著的人之體質、體態的不同，身段的比例亦不同，體型亦有變化。但裁縫師們早在織造階段在面料邊沿處已留有餘地。

皇帝根據每天參加各種場合的情況，也會更衣數次。宮中有尚衣監，掌管帝王衣服。又設有衣冠庫，專門存放帝王的衣冠。

更衣即換衣，也指換衣休息之處。《史記・外戚世家・衛皇后》：「是日，武帝起更衣，子夫侍尚衣軒中得倖。」《漢書・東方朔傳》：「後乃私置更衣。」又注：「為休息易衣之處。後來指大便也叫更衣。」

《論衡‧四諱》:「夫更衣之室,可謂臭矣;鮑魚之肉,可謂腐矣。然有甘之更衣之室,不以為忌;肴食腐魚之肉,不以為諱。」

尚衣是官名。周官有司服,戰國有尚衣、尚冠之職,專司帝王之服。秦置六尚,漢置五尚,都有尚衣。北齊設主衣局,屬門下省。隋改尚衣局,屬殿內省。唐、宋沿置。元尚衣屬侍正府。明設尚衣監,由宦官擔任。清不設,唯蘇州、杭州、江寧三織造,因掌管督造皇帝衣服,俗也通稱尚衣。

此外,尚有一大群宦官,專司皇帝隨時更衣的差事。

早在遠古時期,中國已是世界上種桑、養蠶、繰絲(即將蠶繭浸在熱水裏,抽出蠶絲)的唯一國家,也是織造絲織品的唯一國家。華夏民族是具有悠久歷史的衣冠泱泱古國。自商、周至戰國時,中國的絲綢織物早已輾轉販運到中亞細亞及印度等地,往後因絲綢之路的開通,大批的絲綢便源源不絕地西運。

回眸世界歷史,公元前 5 世紀古希臘的城邦,其政治、經濟的發展在奴隸制的基礎上產生了豐富多彩的文化,尤以雅典城邦為著。在藝術領域內,建築、雕刻最為出色。許多雄偉壯麗的建築物,以多利安式、愛奧尼亞式、科林斯式的列柱迴廊為特點,並刻有精美的浮雕,其中一些女神所穿的服飾,質地上乘,均為精美絕倫的絲織面料,再加以能工巧匠的精心雕鏤,件件都成為精進的藝術品。置身於這些千姿百態、美不勝收的女神服飾文化中,讓人歎為觀止的同時,更加驚歎中華泱泱大國當時的上乘絲綢,早已轉運至地中海沿岸國家了。更加體會到中國古代絲綢文化博大精深的底蘊和內涵,不禁感歎

「此衣只從天上來」！可見中國早期的絲綢文化早已為世界服飾文化的發展作出了重要的貢獻。

　　古代羅馬本為古意大利的一個城邦，後發展成為地中海地區的大帝國。據傳羅馬皇帝穿著中國絲綢服裝步入劇場時，竟使在座的觀眾大開眼界且一飽眼福，人人驚歎，個個稱奇，驚羨不已。

中國旗袍

　　旗袍是滿族服飾。滿語稱「衣介」，原為滿洲旗人婦女所穿的一種服裝。

　　旗人，清代被編入旗籍的人的稱呼。清代「以旗統人」，故名，包括滿洲、蒙古、漢軍八旗所有的人，後作為對滿族人的泛稱。與之對稱的為「民人」，主要是指未入旗的漢人。

　　旗袍的主要特徵是無領、箭袖（馬蹄袖）、左衽、束腰。下擺不開叉，衣袖八寸至一尺，衣邊繡有彩緣。辛亥革命後，漢族婦女也普遍採用。後經不斷演進，一般式樣為：直領、右開大襟，緊腰身，衣長至膝下，兩側開叉，有長、短袖之分。

　　旗袍是中國婦女的傳統服裝，它的線條明朗清晰，貼身合體，充分展現了女性的曲線美。現代旗袍為中國女性更為賞心的禮服，更具空間曲線美。難怪不少外國女性也爭相穿著，體現出東方女性的形體美。

　　旗袍上端緊扣的高衣領，使人顯得文靜，言談舉止莊重而不輕浮；輕微束緊的腰身與體型切合，凸顯出臀部的曲線；旗袍下部兩邊的開衩讓人行走時兩角自然輕輕的飄動，顯示出步履輕健、身材輕巧之神態，使女性更具魅力。因為旗袍是量體裁衣，順應人體之曲線，所以使人行動敏捷，且顯出身上充滿著青春的活力。

旗袍的質地不同，穿著的目的亦有別。大凡迎親、迎賓、宴會等隆重和盛大的場面，應穿著

絲絨或錦緞等面料製成的旗袍。此種旗袍以杭州等地的特產為上乘。這是最華貴的服飾，最華麗的民族服色，最新潮的服式，集莊重與典雅風格於一身；凡是日常穿用，最好選用小花、素格、細條絲綢的素雅旗袍，能體現出素靜雅致、淡雅溫存、穩重沉著的神態；也可選用花素全棉府綢或條棉細布製成的旗袍，它不濃豔，不華麗，更能體現出純真樸實的感情。

府綢，一種平紋棉織品，質地細密平滑，有光澤，多用作襯衣。滌棉布，滌綸與棉的混合紡織物的統稱。俗稱棉的確良。

目前，紮染、蠟染、手繪等新工藝均用於旗袍服飾，使旗袍步入品質好、價格高的商品高檔行列。

紮染又名「絞纈」，是一種古老的在織物上形成花紋的加工方法。先用線將織物按所需花型紮結，然後浸入染液中，形成特定的花紋。可染成單色或多色，用於生產工藝雜色品。中國民間很早就發明了，唐代宮廷廣泛使用，花紋精美。

蠟染是一種染花布的工藝。用熔化的黃蠟在白布上繪製圖案，染色後，煮去蠟質，現出白色圖案。

挑選旗袍要注意量體裁衣，結合體型實際，要從年齡、體型、季節等多方面考慮多加選擇。中年婦女，宜選色彩富麗，格調高雅，甚至繡有圖畫或者圖案，或在邊緣上特別縫製的一種圓棱緄邊的旗袍，

能顯得文雅大方，神態雍容，服飾更顯得華麗珍貴。年齡較大的婦女，應選用較深色的面料顏色且款式較新穎的旗袍，這樣更顯得神情莊重、舉止文雅、落落大方的風度。至於年輕女性，宜選擇文采絢麗、色澤鮮明、活潑俊俏的款式，凸顯出青春的健美體魄，極富朝氣的風采。

選用旗袍還要考慮季節。春秋兩個季節暖和，清涼爽快，最宜選用薄毛料或厚實的中長纖維的旗袍，既能保暖，又顯得平整挺括且舒展。農曆四月的初夏，天氣漸熱，宜選用化學纖維，包括人造纖維與合成纖維製成的無領旗袍，輕而柔和，涼絲絲的沁人心脾。盛夏炎炎難耐，宜選用薄花布或以蠶絲、人造絲織成的無領無袖旗袍，穿著如涼風習習，舒心適意。數九寒冬，宜選用絮上絲棉或駱駝絨製成的旗袍，如鑲上皮毛的皮袍。

選用旗袍的高領亦應根據體型的不同而各異。脖子瘦削細長的人，如用緊而高的領子，更顯得脖子長上加長，更易突出脖子的弱點，宜選用領子稍矮的寬的，才能彌補不足；相反，如脖子短小，應選用較高的衣領，襯托出脖子的修長感。

再說旗袍下擺的開衩，要與身材的高低形成正比，身材修（細）長，開衩大些，身材矮小，開衩小些。開衩大，走起路來，舉止灑脫，風度翩翩；如果開衩小了，便纏住兩腿，裹腿難行，像舊時士兵行軍時打的裹腿似的。如果身材較矮，擺衩要開小一些，使身段勻調優美，身材適當。

旗袍儘管是滿族婦女的服飾，但經過不斷的改良和演進，它已具

有中華民族的特徵，最能體現中華民族女性風致翩翩、優美風韻、舉止風雅、風姿秀逸的動人風采。旗袍已成為漢文化的組成部分，在其發展過程中，傳統與改良相結合，傳統與開放並存。

旗袍在中國婦女的日常生活，以及各種隆重的場合和各種國際性的禮儀場面上，均頻頻出現。如中國婦女出國旅遊或旅居異國他鄉時，穿的是旗袍，中國一些女運動員出席世界運動會的入場式，穿的也是旗袍。

上至一些高官大員家的夫人小姐，下至一些普通升斗小民家的婦女，人人都爭相以穿著旗袍為樂；中國一些上層社會的婦女，在向外國女性贈送禮品時，首選的也是旗袍，它已成為贈禮的佳品。

由上可見，旗袍早已深入中國社會的各個層面，已飛入尋常百姓家，在涉外的公共場合也如影隨形。旗袍同中國女性的衣食住行融為一體，佔有重要的社會地位。它的發展歷史淵源，與中國社會和人民的生活早已融為一體，感情融和，並紮根於中國女性的思想深處，而且對世界有著深遠的影響。旗袍所顯示出的中國婦女的莊重形象，已被全球各國人民所接受。越南的女性也對旗袍情有獨鍾，不少人也穿著旗袍，旗袍不僅代表中國女性的動人風采，也代表東方女性的動人風采，不但流行於中國社會，亦流行於東方社會。

中國歷代服飾的演變傳承

　　中國即中央之國。古指華夏、漢族為中國，因其居四夷之中央，故稱中國。一般指黃河中下游一帶地區。

　　在中國各大族群中，漢族向來是最大的族群，又稱華夏族、漢族。所以漢服又稱為漢裝、華服，並非指漢朝的服飾，而是指中國漢族的傳統民族服飾。

　　漢服在歷代的演變傳承與發展中，均充分體現了古人仁、義、禮、智、信的道德內涵，也是世界上最悠久的民族服飾之一，更是純善（內容）純美（形式）的中國傳統服飾藝術的重要象徵。

■ 三皇五帝、夏商周時期

　　有道「一朝天子一朝臣，一朝天人一朝民，一朝文化一朝服」。因此，漢服也隨著改朝換代而不斷演進更新。即使在朝代之間，其服飾亦有所區別，它反映出不同朝代文化內涵的本質特徵，也體現出不同時期人類智慧的結晶。

　　早在遠古的三皇五帝時期，先民穴居而野處，以鳥獸皮毛為衣，進而以麻作布。黃帝的正妃嫘祖（雷祖、儽祖、累祖）是我國最早養蠶的人，也是治絲方法的創造者，她教導人民養蠶繅絲，織布作衣。

自南朝宋元嘉以來，歷代王朝設先農壇，皆祀媒祖為先蠶。所以在黃帝時代服飾制度逐步形成。夏商之後衣冠制度開始逐步建立；西周時期，周禮制度形成，對衣冠禮制有明確的規定，各官階必須遵守，不得超越。冠服制度逐漸納入制度範圍之內，形成禮儀文化的方式之一，而漢服至此亦漸臻完善。

公元前 1600 年商湯滅夏后建立商朝，後盤庚遷都殷，又稱殷朝，傳至紂共十七代大約 460 年。這段時間，手工業已能鑄造精美的青銅器和燒製白陶。紡織與刺繡技術亦非常純熟，質地純潔，最早把衣服分為上衣和下裳兩截式，這是中國衣裳的基本形式，不分男女，大都腰繫寬腰帶，領襟、袖口均有精緻的刺繡緄邊，製作精良，構思精巧。

公元前 1046 年，周武王滅商後建立周朝。周公東征後，確立宗法制，創立典章制度，手工業有所發展。至前 256 年為秦所滅。共歷三十四王計 791 年。

在周朝的漫長歲月中，分封制度確立，冠服制度逐步完善，各種制度完備。因貴賤有別，冠服等級在服飾中亦有嚴格的區分，帝王與權貴必須按照身份井然有序地穿戴，不准亂套。

三 春秋戰國時期

到了春秋戰國時期，人們認為漢服雖美，但過於寬鬆，袍袖肥大而長，衣身過長，覆蓋腳背，曳地而行，行動極不方便，所以戰國時

期的趙武靈王才有「胡服騎射」的改良。他採用西北方游牧和半游牧人民的服飾，學習其騎馬和射箭之術。其服上褶下　　，有貂、蟬為飾的武冠和金鉤為飾的具帶，足上穿靴，便於騎射。

當時又出現了一種家居禮服，衣裳相連，前後深長，名為深衣。不分尊卑男女，都可穿著，成為深受人民喜愛和歡迎的流行服。

三 秦漢、魏晉南北朝時期

公元前 206 年，劉邦滅秦，後又戰勝項羽，於公元前 202 年稱帝，國號漢。到了漢武帝時，漢朝成為亞洲最大最強盛的多民族國家，並和亞洲各國建立經濟、文化上的聯繫。到延康元年（220年），曹丕稱帝，東漢才滅亡。漢代共歷二十七帝，計 406 年。

漢武帝是位大有作為的皇帝，他加強了與西域的經濟、文化交流之後，又進一步增加了衣服的流行色彩。當時以連身袍為主的流行服，樣式以大袖收口居多，自肩部直筒垂至腳踝的長袍，是人們爭相穿著的服飾。當時的政治穩定，經濟繁榮，人民柴米充足，生活富裕，穿戴也日趨華麗，尤其是華貴之家，概莫能廢，他們的禮服，在裙擺和袖口都有精美的鑲邊，成為精妙的工藝品。

220 年曹丕代漢稱帝，國號魏。265 年，司馬炎代魏稱晉，魏亡，共歷 46 年。太康元年（280 年）晉滅吳，統一全國。元熙二年（420 年），劉裕代晉，東晉亡。東、西晉共歷十五帝，計 165 年。

綜觀魏晉時期，戰火紛飛，戰亂頻繁，南北方人民多在兵荒馬亂

之中被迫離鄉背井，遠走他鄉。同時又出現了多個民族混居和混血狀態，胡、漢文化也隨之交融，相互影響，當時的新潮服飾是「褒衣博帶」，追求自然隨和而寬鬆的衣著。

褒衣博帶即寬袍大帶，是古代儒生的裘束。《漢書・雋不疑傳》：「褒衣博帶，盛服至門上謁。」劉師古注：「褒，大裾也。言著褒大之衣，廣博之帶也。」

四　隋唐時期

581 年，楊堅代北周稱帝，國號隋。589 年滅陳，統一全國。煬帝大業七年（611 年）起，各地農民相繼起義。大業十四年（618年），煬帝被殺於江都，隋亡。共歷四帝，計 38 年。

隋朝在農民大起義中瓦解。617 年，太原留守李淵乘機起兵，攻克長安，次年隋亡，淵在關中稱帝，國號唐。唐代前期國勢強盛。唐末土地高度集中，政治腐敗，賦稅繁重，加上藩鎮割據，戰亂不息。874 年爆發農民大起義。907 年為後樑朱溫所滅。共歷二十二帝，計290 年。

隋唐時期以華麗珍貴的服飾為新潮，反映了當時政治、經濟、文化藝術空前繁榮昌盛的鼎盛時期。對紡織品進行漂白、染色，以及絲綢織造技術革新和技法的純熟有了極大的進步，再加上絲綢之路的開通以及對外開放，使隋唐時期的服飾文化兼收並蓄，廣收博採，並大放異彩。絲綢之路包括天山南麓的龜茲（丘茲、屈茲、屈支），雲南

巍山南境的南詔，位於青藏高原的吐蕃，亞洲西南部的阿拉伯及波斯。絲綢之路主要通過亞歐大陸上的定居人地區，始於華北，西經河西地區、塔里木盆地，再赴西亞及小亞細亞等地，並南下今阿富汗、巴基斯坦、印度等地。

由於唐朝是中國史上的鼎盛時期，乾坤定矣，鐘鼓樂之，人民鼓腹謳歌，成為當時世界上的最富最大的強國。萬國來朝，各國派使節、留學生、商人、僧侶來中國學習，當時長安人口有一千萬，外國人就有三百萬，長安車水馬龍，往來不絕，熱鬧非凡。各國使節亦帶來他們的文化，唐亦表現出包容的大度，廣收博採，大海納川，因此唐的服裝能融合眾多民族的服飾特色，與本國服裝融會貫通，因此精益求精，大放異彩。唐的絲織產品產地遍佈全國，真可謂星羅棋佈，質地上乘，產量空前，在雄厚物質的條件下裁制出的服裝爭奇鬥豔，新奇美妙，使人豔羨。

唐朝男性身著圓領袍衫，頭上戴帕頭、紗帽，這是當時最時髦的穿著。

帕頭，一作頭，即裹頭，是古代男子束髮的頭巾。唐代的帕頭多以絲絹裁成方巾，方巾四角垂下四長帶，用作裹發的頭巾，這是最入時的頭飾。唐朝的女性酷愛裝飾打扮，塗脂抹粉，美化眉毛，點染朱唇，或貼花黃在額上。穿著服飾以低領、高束裙腰、肥袖為入時。上著短襦短衫，下套長裙，加半臂，肩披帛巾，長裙曳地而行，顯得體魄健美，體態輕盈，儀態飄灑。

唐朝的服飾爭奇鬥豔，相互爭寵，再加以冠上點綴著晶瑩剔透的

金銀珠寶，還有服飾上的花紅柳綠、瑞鳥成雙、祥和之氣，趣味盎然。唐大曆十年（775 年）進士，俠州司馬、秘書丞、侍御史王建，工樂府，曾作宮詞擊節讚賞曰：「羅衫葉葉繡重重，金鳳銀鵝各一叢。每翩舞時分兩向，太平萬歲字當中。」

重重即層層。金鳳，車轄之飾。太平，時勢安樂，治之至也。萬歲即萬年。

好一派唐朝盛世及盛景怡情盡洋溢於筆端，氣勢洋洋灑灑，盡留紙上。

五 宋元時期

960 年，趙匡胤代後周稱帝，國號宋。欽宗靖康元年（1126 年）金兵攻入開封，史稱此前為「北宋」。次年趙構（宋高宗）在南京（今河南商丘市南）稱帝，建都臨安（今浙江杭州），史稱南宋。恭帝德祐二年（1276 年）為元所滅。兩宋共歷十六帝，統治 370 年。宋亡後，端宗、帝昺在閩廣建立流亡政權，至 1279 年，亦為元所滅。

宋朝服飾多沿唐朝服飾之成規，但也獨出心裁，自成一家。因當時社會崇尚理學（即道學），即自周敦頤、程顥、程頤至朱熹最後完成的以儒為主、相容佛道思想某些內容的一種思想體系。理學提倡「存天理而去人欲」，與《禮・樂記》的「夫物之惑人無窮，……滅天理而窮人欲者也」道理是一致的；認為傳統就是國家的寶貝，鼓勵大家要保留和使用，這是近乎保守的復古道德觀。當時的服飾已去華

麗化，而以衣著簡樸、自然舒適而代之。

宋朝男性，地位不分尊貴與卑賤、高官與卑職，在各種不同的公眾場合都戴帕頭。當時的帕頭為直角冠帽，酷似帽子。服飾仍以圓領袍為主，只以袍衫的不同顏色區分身份的等級。由於宋仿周制，貴婦人的禮服為大袖衫，主要是用於出席祭祀祖宗與祭奠英靈等重要場合。至於一般普通婦女所穿的禮服稍有區分，上衣有襦、襖、衫、褙子、半臂、大袖等，款式新穎，格式多樣，下身均穿裙子。只有褙子才是當時不分地位貴賤都流行穿著的服飾。

半臂，短袖衣。唐張泌《家法》：「房太尉家法，不著半臂。」

褙，把布或紙一層一層地黏在一起。褙子屬於外衣的一種，以對襟、直領、長度過膝為其特點。

1206 年，蒙古族領袖成吉思汗建立蒙古汗國後，開始擴張其勢力至黃河流域。元世祖至元八年（1271 年）定國號為元。其後攻滅南宋，統一全國，建都大都（今北京）。順帝至正十一年（1351 年）紅巾軍蜂起。元至正二十八年（1368 年），朱元璋軍攻入大都，推翻了元朝的統治。自成吉思汗起至此時，共歷十五帝，計 163 年；自世祖忽必烈定國號起，共歷十一帝，計 98 年。自成吉思汗建國起，歷史上都泛稱元朝。順帝北走塞外，仍稱元朝，史稱「北元」。明建文四年（1402 年），鬼力赤殺坤帖木兒汗，始去國號。

元人多是騎在馬背上奪天下的，服飾多以便於騎射為主，沒有顯著的特色。歷史上有元服，是帽子，並非元朝的服飾。《禮儀·仕冠

禮》：「今月吉日，始加元服。」《漢書・昭帝紀》：「元鳳四年春正月丁亥，帝加元服。」又注：「元者，首也。冠者，首之所著，故曰元服。」

六 明清時期

1368 年朱元璋稱帝，推翻元朝的統治，建都南京，國號明。永樂十九年（1421 年）成祖遷都北京。1644 年李自成農民軍攻破北京，明朝被推翻。共歷十六帝，計 277 年。此後清兵入關，建立清王朝。明亡後，其殘餘力量曾先後在南方建立弘光等政權，史稱「南明」。

明朝的冠服主要參考並仿照周、漢、唐、宋的漢服款式，恢復傳統的漢族服飾制度。當時的服飾結構精美，種類繁多，刺繡技術高超，質料上乘，成品美觀且經久耐用。男性服飾以袍衫唱主調。官員服飾仍襲古制，圓領形，袖寬三尺，戴烏紗帽。至於官品等級均以袍衫顏色和圖案加以區分。緋（紅）色袍衫為一至四品官階，青色袍衫為五至七品官階，綠色袍衫為八至九品官階。文官為飛禽圖案，武官為走獸圖案。與唐服飾制有所不同。

唐服飾顏色官階為：文武官員三品以上服紫，金玉帶。四品服深緋，五品服淺緋，並金帶。六七品服綠，文官八九品服以青。唐白居易《琵琶行》：「座中泣下誰最多？江州司馬青衫濕。」即指官職卑微。至於青衣與青衫則有所區別。青衣是古代帝王、后妃的一種禮服。《禮・月令》孟春之月：「（天子）衣青衣，服蒼玉。」《晉書・

禮志》：「蠶將生，擇吉日，皇后著十二笄步搖，依漢、魏故事，衣青衣。」但自漢以後以青衣為卑賤者之服，故卑稱為青衣，晉劉聰使懷帝著青衣行酒以示辱。

明代婦女的服飾主要是衫、襖、褙子、裙子、比甲，款式格調均沿襲唐宋舊制。

比甲即馬甲，類似現在的背心。

明朝女性服飾的顏色為桃紅、綠色、紫色，切忌黃色、大紅、青色。

桃紅綠柳本指春景；紫衣古代為君服。《韓非子·外儲說》：「今王（齊桓公）民無衣紫者，王請自解紫衣而朝。」南北朝以來，紫衣為貴官公服，故有朱紫、金紫等稱。

明朝婦女的禮服為鳳冠霞帔，是后妃參拜祭祀、祭奠等隆重大典場合時所穿的禮服，鳳冠上鑲綴著龍鳳，與霞帔搭配使用。

明洪武五年（1372 年），更定品官命婦冠服，一品至九品霞帔之制各異。其後鳳冠、霞帔遂成為嫡妻的例服，相沿至清末。

烏紗帽是帽名。東晉時宮官著烏紗帽。南朝宋明帝初，建安王休仁置烏紗帽，以烏紗抽紮帽邊，民間謂之司徒狀。隋代帝王貴臣多服黃紋綾袍、烏紗帽、九環帶、烏皮靴，其後逐漸行於民間，貴賤皆服。自折上巾流行之後，烏紗帽漸廢。

外國服飾

▅ 印度紗麗

印度是南亞國家，東北部與中國等國為鄰，人口 11.12 億（2006 年），居世界第二，是世界農業大國之一，又是世界四大文明古國之一。

印度紗麗服飾是傳統民族女性服裝，其特色為色彩豔麗，隨風搖曳，盡顯神采飄逸，姿態自然。

亮麗濃烈的紗麗是印度婦女朝拜時的盛裝，也是節日的華麗裝束，亦是赴宴時的盛服。紗麗讓印度女性那種半遮半掩、令人迷醉的氣度表現得淋漓盡致，也使人感到痛快淋漓。

▅ 蒙古長外褂

蒙古國原為中國的一部分，稱「外蒙古」，有天然的牧場，是傳統的畜牧業國家。一方水土養育一方人，遼闊無垠的大草原培育出無拘無束、熱情奔放的蒙古女性，而這種熱情奔放的特點也通過蒙古族的服飾體現了出來。這就是蒙古長外褂。它具有豁達大度、動態各異之美，體現出蒙古女性騎在馬背上豪邁矯健的颯爽英姿。當她們心情

平靜，心神安定地立坐之時，又體現出一種心懷恬淡之美，具恬靜而舒適的優雅姿態。

三 泰國女筒裙

泰王國簡稱「泰國」。公元 14 世紀，境內中部暹國和羅斛國合併，稱暹羅國。泰國為東南亞國家，85%以上居民信佛教，馬來族多信伊斯蘭教。

泰國的服飾以性感著稱。下裝是女筒裙，是呈筒狀的裙子，上部和下部肥瘦略同，一般下擺長不過膝蓋，沒有褶子。經曼國王朝國王拉瑪五世朱拉隆功大帝進行重要的政治、經濟改革後，到拉瑪時期（1910-1925 年），泰國女筒裙方興未艾。女筒裙同紗籠（紗籠是東南亞一帶人民穿的用長布裹住身體的服裝）一樣，布的兩端寬邊縫合成圓筒狀，穿著時先將身子套入布筒內，接著伸出右手將布向右側拉，左手配合按住腰右側的布，右手再將布拉回，褶回左邊，在左腰處相交相疊，隨手塞進左腰裏面。

四 日本和服

日本國又稱大和。大和國家是日本大和（今奈良縣）地方古國，公元 3 世紀形成。4 世紀前半期，其勢力已達關東地方。中央政權通稱「大和朝廷」。據中國《宋書》載，自永初二年至升明二年（421-478 年），倭王贊、珍（一作彌）、濟、興、武相繼遣使至中國，武

（雄略天皇）受封「安東大將軍」。後豪族專擅，王權衰落。645 年大化革新，大和時代結束。後將日本一種詩歌體稱為和歌，而將日本的傳統民族服裝稱為和服。

日本和服的樣式是從中國古代的服飾傳過去的。傳承至今亦具有別樣風情，為平面裁剪製成的寬鬆袍服，其款式、花色、顏色均多種多樣。直身、交領、直袖、腰部繫帶。衣料多採用絲、棉等天然纖維織物的傳統品種。男服多為黑色，女服則通過提花、印花、手繪及刺繡等而呈現絢麗的色彩和花紋。

和服在日本也稱作「著物」、「吳服」，是日本人從奈良時期（645-724）迄今均穿著的衣服，源自中國晚唐的長袍。基礎和服是一種齊踝長的有寬大長袖和 V 型領的袍服，既無衣扣又無絆帶，而是在胸前將左襟覆蓋在右襟上，然後在腰部用腰帶或和服帶束牢。婦女穿的短袖和服（科索地）是一種外衣，在室町時期（足利將軍幕府時期）便被採用。到 17 至 18 世紀，日本設計師對和服大加美化，使裝飾考究的和服成為世界上最優美的服裝之一。

和服的寬腰帶是用挺括的綢緞製成的，古代日本人用來束緊和服的料子。長約 270 公分，纏繞於腰部，再在背後打一個考究的結子。現在的和服腰帶是 18 世紀早期演變而來的，且多為織花或繡花的。

日本女性在和服的襯托之下，更顯出性格含蓄、溫和柔順、儀容溫潤、溫情脈脈的特色。

日本男性和服多為黑色，胸前兩邊還掛著家族的標誌，稱為「家

紋」。

　　日本女性在一生中，其和服的袖子要經歷由長到短的三次演變。袖子拖垂至地，標誌著未婚處女。袖子剪短一大截，說明是已婚婦女。活到 3060 歲時，袖子再次剪短。因此，通過觀察婦女和服袖子的長短便可對其婚嫁與否及年齡的大小一目了然。

　　再說日本婦女背後的小背包。早在 6 世紀之時，日本由於受到唐朝文化的影響，在服裝上也有映襯。日本大寶元年（701 年）編成的法典《大寶律令》於次年頒行，此法典由藤元不比等（659-720 年）人繼承以往律令，並參考中國唐朝的《貞觀律令》和《永徽律令》編制而成。唐朝對各級文武官員及其眷屬身著的禮服、朝服繫何種衣帶均作出詳細的規定。衣帶不局限於裝飾，也是不同身份與官階的顯著象徵，當時，平頭百姓不許繫衣帶，到了 14 世紀平民才能使用。

　　隨著衣帶的不斷演變，便產生了結法的問題。日本婦女原先也仿照唐式女衣帶，在身前結成兩個圈。後來就以 6 公分寬的帶子在身前打個蝴蝶式樣的紐帶垂墜下來。到了 19 世紀，江戶的一些藝妓又模仿一座古式的拱橋，把腰帶繫成一個形似鼓一樣的帶結，取名為「御太古結」，因為美觀顯眼，這種裝飾便迅速流行。

　　當然，日本婦女也受到基督教傳教士腰帶形式的影響而創造出結帶這種形式，開始結帶裝飾在前面，後來才移至後面成為「背包」。但畢竟最早受到漢服的影響，奈良時期的遣使團獲得中國贈送的大量漢服，次年（720 年），日本天皇下令，日本舉國上下全穿模仿中國隋唐款式的服裝。

日本的和服與中國的漢服也同中有異，並非一模一樣，其區別為：和服下裙多為直筒形狀，不便邁腿前行；而漢服的下擺較為寬鬆，呈喇叭狀。和服的衣袖是方形，腋下袖根縱向多出的袖寬常留開口不縫合，與開口橫向同寬的衣片也照留開口不縫合。漢服後背沒有繫著一個「小背包」（這是按照日本傳統習慣和審美觀點及其情趣與情致所制，可掩蓋日本人的身形缺陷）。

五 韓服

　　亞洲東部的大韓民國，原稱朝鮮。1897 年朝鮮李朝國王高宗李熙改國名為「大韓帝國」（簡稱「韓國」），稱皇帝，建元光武。1910年曾被日本吞併。

　　韓國的韓裝突出的特點就是上身窄小下身寬大，大蓬蓬裙擺的樣式更加美觀，也顯現其獨具特色，更加襯托出　韓國女性文靜之美。

　　韓裝亦傚仿華夏禮儀的風尚，均來源於漢服，也根據其民族的身材特點和審美情趣進行改良，它不像日本的和服那樣帶上一條帶子，其上衣很短，只是在衣領下垂著兩條飄帶。

六 越南長衫

　　越南的國服長衫大褂其實也是越南的「旗袍」，這是越南婦女所鍾情的一種長袍。其突出特點是衣服自腰以下開高衩（衣服旁邊開口的地方），再配以同花式或白色布料的寬鬆長筒褲，蹲、坐、行、騎

車均隨心所欲，運轉自如。長衫腰部以上裁剪得非常合身，長衫腰部以下較寬鬆，左右各開衩至腰部，內著寬筒喇叭筒狀褲。合身的上衣配合神采飄逸的裙擺及長褲，把嬌小的身材襯托得更為柔美，性情更顯柔順。正是由於古樸雅典的長衫裝扮出了越南女性身材嬝娜，體態輕盈，才叫人如此的銷魂。

昌明文庫·悅讀文化　A0605008

文史趣錄　上冊

編　　　著	葉獻高
責任編輯	蔡雅如
發 行 人	陳滿銘
總 經 理	梁錦興
總 編 輯	陳滿銘
副總編輯	張晏瑞
編 輯 所	萬卷樓圖書股份有限公司
排　　版	菩薩蠻數位文化有限公司
印　　刷	百通科技股份有限公司
封面設計	菩薩蠻數位文化有限公司

出　　版　昌明文化有限公司

桃園市龜山區中原街 32 號

電話　(02)23216565

發　　行　萬卷樓圖書股份有限公司

臺北市羅斯福路二段 41 號 6 樓之 3

電話　(02)23216565

傳真　(02)23218698

電郵　SERVICE@WANJUAN.COM.TW

大陸經銷

廈門外圖臺灣書店有限公司

電郵　JKB188@188.COM

ISBN 978-986-496-013-2

2017 年 7 月初版

定價：新臺幣 280 元

如何購買本書：

1. 劃撥購書，請透過以下郵政劃撥帳號：

   帳號：15624015

   戶名：萬卷樓圖書股份有限公司

2. 轉帳購書，請透過以下帳戶

   合作金庫銀行　古亭分行

   戶名：萬卷樓圖書股份有限公司

   帳號：0877717092596

3. 網路購書，請透過萬卷樓網站

   網址　WWW.WANJUAN.COM.TW

大量購書，請直接聯繫我們，將有專人為您服務。客服：(02)23216565 分機 10

如有缺頁、破損或裝訂錯誤，請寄回更換

國家圖書館出版品預行編目資料

文史趣錄 ／ 葉獻高編著.-- 初版.-- 桃園市：

昌明文化出版；臺北市：萬卷樓發行，

2017.07　冊；　公分.--(昌明文庫. 悅讀文

化)

ISBN 978-986-496-013-2 (上冊：平裝)

1.世界史　2.文化史　3.通俗史話

713　　　　　　　　　　　　106011172